第三帝国

征服者的铁蹄

美国时代生活编辑部 / 编

兆 丰　凡 玲 / 译

修订本

海南出版社

·海口·

目　录

附　文

致读者

首先应当承认，本书的策划并非出自我本人的想法。

事实上，当一小批时代生活图书公司的编辑和作者开始极力主张推出这样一个系列的时候，我的第一反应是："有关第三帝国的话题难道还能有什么新意吗？"

可是，当前往柏林、华盛顿和莫斯科的采访人员逐步发回他们的稿件——私人珍藏的回忆录和相册堆满了我的办公桌——目击者的记录和官方秘藏的文件被一一发掘出来之后，我觉得我的疑问已经找到了最好的答案。

我们正在接近一项重大的成果：对纳粹统治下的德国的一个全新的认识——从第三帝国的内部来解剖它。

本系列共有 21 本。每一本都向您展示了第一手的私人记录、从未发表过的照片、亲历者的回忆录和新解密的官方档案。它们恰如一幅徐徐展开的巨型画卷，将您带回那腥风血雨的黑暗时代，让您仿佛置身于喧嚣狂热的柏林、遍地瓦砾的华沙、燃烧的斯大林格勒、沙尘滚滚的北非，恍如走进了令人不寒而栗的集中营、党卫队的秘密会议室、希特勒的办公室、他的书房和卧室，甚至把握到他的思想动态。每一本都有一个中心主题，整个系列连起来则构成了迄今为止最完整、最细致的"第三帝国史"。

这就是我们所做的工作，让真实的历史说话。

时代生活编辑部主编乔·沃尔

1. 笼罩欧洲的阴影

1940 年春天，当纳粹国防军侵占西欧的时候，在德国国内有兴趣观望的莫过于那些等着从这些新的征服中受益的人。侵略国的企业巨头们不耐烦地等着枪声停下来好去抢占战败国的战利品。一位名叫阿图尔·鲁曼的巴伐利亚艺术商人后来回忆起在出产煤炭与钢铁的鲁尔河谷地的商业中心杜塞尔多夫一家高级饮食俱乐部与几位著名的实业家共进午餐的情景。那是 5 月 18 日星期六下午 2 点，商人们暂停就餐，收听最新的战况广播。

德国部队已经打败了毫无准备的小国荷兰。就在此时，就餐者听到伦德施泰特将军率领的 A 集团军的装甲车已经跨过法国北部 2/3 的地方，直奔英吉利海峡；博克将军率领的 B 集团军已经抵达登德尔河，跨过了半个比利时。

餐桌上有一个人拿出一张荷兰地图，当电台播音员念到一个地方的名字时，所有在场者的眼睛就在地图上扫来扫去以确定德国已经占领的荷兰领土。"米勒在这儿，"一个人指着地图上的一个地点说。"他是你的了。"另一个人说："施密特在这儿。他有两个工厂，我们将逮捕他。"其中的一个就餐者是年轻的阿尔弗雷德·克

在纳粹党卫队头目海因里希·希姆莱（右）和荷兰帝国专员赛斯－英夸特的陪同下，荷兰"影子元首"安东·米塞特观看了 1942 年在荷兰举行的亲德集会。在荷兰占领政府的伪统治者米塞特看来，希特勒是"欧洲的解放者"。

7

　　1940年纳粹国防军攻克法国之后,希特勒的摩托化部队驶过莱茵河大桥进入阿尔萨斯。面带胜利的喜悦,希特勒视察了马其诺防线上被摧毁的工事,并频频停下来祝贺他打了胜仗的军队。

房伯，是一位著名军火商的后裔，他对另一个人说："工厂是你的了。"当其他人继续查看地图时，一位企业巨头给他的办公室打了电话。他要申请特别护照，这样他和他的同事们就可以去亲眼看一看了。

荷兰刚一投降，这些企业家就已经开始分赃了。当然不只是他们这些人。在整个第三帝国，有许许多多满怀期待的德国人，其中有军人、公务员和私营企业家，都准备踏上新征服的土地。

早在4个月前，在征服了波兰之后的所谓"静坐战"中，赫尔曼·戈林作为第三帝国"四年计划"的首脑已经规划出了希特勒的西欧经济政策。"元首坚信通过在西部发动大规模进攻，他将成功地在1940年取得战争的决定性胜利。"戈林告诉武装力量最高统帅部军事经济与装备部主任格奥尔格·托马斯将军说。然后戈林提到了希特勒希望从被占国攫取资源："决定在1940年尽最大可能地利用一切，在今后的岁月里再利用他们的原材料资源，代价由他付。"

托马斯做了必要的准备，组建了军事经济参谋部和战斗队，陪同入侵部队搜寻、分类和夺取非常重要的货物。他们奉命"一火车一火车地"把货物运回德国国内，或运到被占区内的被没收的工厂。

军事经济参谋部和战斗队在装满火车方面一点困难也没有。从4月9日丹麦崩溃到6月22日法国沦陷两次闪电战前后不足11周的时间里，希特勒的军队占领了6个国家。这些国家（分别是卢森堡、荷兰、比利时、挪威、丹麦和法国）有诱人的农业和工业资源，总人口约6600万。这些人在世界上受教育水平最好，技术最熟练，生产能力也最高。

在此后的5年里，德国人疯狂掠夺被占国的财富和资源，并奴役它们的人民。被占领土上的许多人奋起抵抗德国人的统治，其他人则与侵略者勾结与合作，但是绝大多数人只是一如既往地过他们的日子，最大限度地忍受着苦难。这样做并不容易。成千上万的欧洲人被迫离乡背井，被送到德国从事强制性的劳动。还有成千上万的人被送往纳粹的死亡集中营。在被占领国国内，随着战争局势的恶化，德国人的存在更加使人感到压抑，人们的财产被大量夺走。到了战争后期，盟军的进攻把西欧变成了一个战场，许多人到了无以果腹的地步，更多的人无家可归，在希特勒的野心造成的废墟中，所有的人面对的都是危机四伏的未来。

希特勒一开始并没有做好管理战败国的准备。在纳粹关于建立新秩序的所有舆论当中，他并没有想过西欧应该是什么样的。他的大部分舆论集中在从德国领土上把犹太人驱逐出去以便"净化"第三帝国，以及从东欧"劣等种族"斯拉夫人手中夺取新的生存空间。他没有决定清理哪一个地区奴役哪一个地区，也没决定通过日耳曼化先吸收哪些民族。1940年，他的宣传部长约瑟夫·戈培尔承认，"如果今天有人问在我们的想象当中新欧洲是什么样子的，我们必须说我们不知道"。

与进攻波兰或最终入侵苏联不一样，希特勒挥师西进是出于战略上的原因而不是意识形态上的原因。他决定进攻挪威，目的是保护他的铁矿石源源不断地从中立国瑞典运到德国，防止英国海军扼制他在波罗的海的舰队。丹麦是通往挪威的跳板。他进攻德国长期的宿敌法国，目的是在为了确保日耳曼民族的永久安全。而且在实施东进计划时能够保护至关重要的鲁尔区，保护他的后方。卢森堡和比利时分布在进军法国的路线两旁。作为进攻法国的一部分，他占领了荷兰；如果英国拒绝通过外交手段解决战争，他将把荷兰作为进攻英国的空军和潜艇基地。至于西欧的其他部分，佛朗哥领导下的西班牙应该是友好的；葡萄牙和瑞士并不能提供战略上的好处，它们像瑞典一样，保持中立。

希特勒就像确定他的军事战略那样随意地治理他在西部的新帝国的国土。没有统一的政策，虽然每个被占领国的最高统帅都有同样的任务：安抚国民，动员本国经济为德国的战争机器提供尽可能多的食物和物资。希特勒在尽可能依靠当地政府进行日常管理的同时，他还给每个国家选定了某种管理形式——军事管理或文官管理，直接管理或间接管理——这些管理方式都不能妨碍他的战争进程。

和第三帝国政府本身的杂乱无序一样，被占领土政府的管辖权与责任重叠拼凑在一起。和德国一样，这种管理都是蓄意的，希特勒这样设计的目的是防止军队、党卫队，或其他任何机构和管理部门获得足够的权力挑战他的权威。

最简单的管理形式是纳入第三帝国。虽然希特勒可能对被占领土早有这样的打算，但是他只公开颁布命令合并了东比利时的 3 个小地方，人口不足 1.5 万人。奥伊彭、马尔梅迪和莫雷斯内以前曾是德国的，在第一次世界大战之后都划给了比利时。"凡尔赛（和约）要求从帝国割出去的几个区再次回到了德国的手中，"希特勒在他的装甲部队横扫这些地区不到一个星期之后宣布说，"从根本上说，它们始终与德国团结在一起。因此不能把它们当成被占的敌人领土，哪怕是暂时的。"

元首把这些地区划给了普鲁士的亚琛，并给所有有德国血统的居民德国公民身份。1941 年 2 月，他批准他们在德国国会里占有席位，"以明显地体现他们与大德意志帝国领土的重新统一"。

他还把与德国毗邻的 3 个较大地区置于特殊的文官政府管理之下，准备将它们纳入第三帝国。包括卢森堡，一个宪法规定的大公国，面积不足 1000 平方英里（比罗得岛略小一点），人口约 30 万，法国的阿尔萨斯和洛林，面积 5607 平方英里，人口近 200 万。卢森堡与德国的历史渊源要追溯到中世纪的神圣罗马帝国时期。阿尔萨斯和洛林与德国也有久远的历史联系。17 世纪，法国人将这两处地方占领了过去，1871 年在法普战争中，德国人又夺回，第一次世界大战之后再次丧失。希特勒为所有地区都任命了一个地方长官。这些高层党务官员负责各自辖区内所有的政治、经济和民防活动，并直接向元首报告。

尽管卢森堡有日耳曼族的渊源，但希特勒一开始称这个小国为"敌人的领土"，将其置于军事管制之下。卢森堡持续不断的抵抗，以及夏洛特女大公及其政府部长流亡国外惹怒了希特勒。但是当主要的文职官员帮助恢复了秩序之后，希特勒才缓和了一点。他委派科布伦茨－特里尔的地方长官古斯塔夫·西蒙建立一个文官政府，开始德意志化进程。在最初的一次正式讲话中，西蒙告诉卢森堡人说他们的未来已成定局了："在第一位德国英雄士兵的坟墓开掘之日，我们就做了下面的决定：这块土地已经被赢过来了，将由日耳曼血统管理，并将永远是日耳曼的。"他说卢森堡将被当成一个丧失了日耳曼主要特征的土地来治理。

古斯塔夫·西蒙，德国任命的被占卢森堡文官政府首脑，1940年德国入侵大公国之后在他的办公桌前办公。西蒙直接向希特勒报告，受命"为德意志帝国收复前德意志帝国的卢森堡"。

德语取代法语成了

该国的官方语言。"卢森堡为自己的传统和民族语言感到自豪，不会鹦鹉学舌地讲法语。"西蒙宣布说。他亲自监督把纳粹课本引入学校，并按照德国方式重新组建了法庭，把邮局和其他公共设施并入了第三帝国的体制之内。除了纳粹党之外，他取缔了所有的政治组织，达到了参军年龄的年轻人必须到德国服兵役。年轻的男子或男孩根据不同年龄，必须加入准军事性质的帝国劳动服务局或希特勒青年队。他强迫卢森堡人把名字也要德意志化，把所有地名、街道标志、建筑物名称，甚至墓

1940 年 6 月德国占领法国东部的洛林省不久，梅斯的居民似乎并没有受到近在眼前的德国士兵和插在城市中世纪城堡上的旗帜的搅扰。但是到了 8 月中旬，第三帝国对该地区实施激进的德意志化政策引起了洛林人的强烈反对。

碑上的铭文也要改成德文。

不久，海因里希·希姆莱的党卫队代表赶来协助他。对希姆莱而言，德意志化就是把外国人和混血人赶出卢森堡。作为第一步，他命令德意志种族联络办事处主任韦尔纳·洛伦茨编辑全国人口的种族清单。到 1941 年秋天，洛伦茨已经辨认出了 7000 人，他们虽然有德国血统，但是缺乏足够的国家社会主义热情。希姆莱下令把他们用船运到被占领的波兰、保护地波希米亚和摩拉维亚，在那里他们的威胁会更小，可以接受政治训导。他让南蒂罗尔的德国人迁进来，取代那些被赶走的人。为了安置新来移民的食宿，他没收了卢森堡 3000 犹太人的财产。

由于阿尔萨斯和洛林历史复杂，将这两个省纳粹化面临的挑战更大。希特勒一直认为俾斯麦将地区德意志化的立法努力十分无力，没有成效。他敬佩法国人在 1918 年之后重新强加他们的文化与风俗的方式，决心超过他们。"如果我们想把它们变成真正的德国省份，"他宣布，"我们就必须赶走那些不愿意接受自己是德国人的人。"

希特勒把这项工作交给了纳粹老卫队里的两位可以信赖的人，接管阿尔萨斯的巴登地方长官罗伯特·瓦格纳曾在啤酒馆暴动中与希特勒一起游行，在兰茨贝格监狱服过刑；洛林的接管者萨尔的地方长官约瑟夫·比克尔是纳粹兼并政策专家。他曾是 1935 年公民投票的纳粹特命全权代表，那次公民投票重新夺回了萨尔。1938 年

与奥地利合并时他是帝国专员。两位地方长官以西蒙为
榜样，把政府、司法系统、教育系统和地区经济都德意
志化了。瓦格纳甚至不允许农民和工人戴传统的贝雷帽，
以便让这些阿尔萨斯男人看上去不像法国人。除此之外，
瓦格纳和比克尔组织了一连串的集体流放，以清除种族
和政治上不受欢迎的人。瓦格纳向未被占领的法国放逐
了 10.5 万名犹太人和亲法国的人士；比克尔准备以同样
的办法再驱逐 10 万人。

驱逐在纳粹高层引起了轻微的骚动。虽然元首批准
了这一行动，但是希姆莱并不赞成。这位党卫队头目指
责瓦格纳和比克尔浪费资源，把可以改造的种族人口拱
手让给了德国的宿敌，他根据他认为的适当的纳粹原则
重新制定了新的安置指导方针。他说从此以后瓦格纳和
比克尔驱逐的人群应该更小，即只应驱逐犹太人、吉卜
赛人、黑人、犯罪分子和患精神病的人，以及"血统上
不属于我们的杂种"。有适当的血缘关系但没有正确的
政治观念的阿尔萨斯人和洛林人应该在德国或东欧重新
安置，在那里他们会理解国家社会主义。那些坚持效忠
法国的人可以送到集中营。

突然发动的对苏战争延迟了希姆莱这一疯狂计划的
全面落实。然而，党卫队赶走了成千上万的阿尔萨斯人
和洛林人——虽然这样做导致德国的劳动力资源枯竭，
并给已经负担过重的铁路网造成了压力。

相比之下，德国对丹麦的控制从一开始并不严厉。

1940 年 4 月 9 日丹麦政府很快接受了希特勒的最后通牒，使丹麦人获得了最宽松的纳粹统治。根据投降条款，德国人确保丹麦人的独立和领土主权。国王、内阁和议会获准继续履行各自的宪法义务，两国之间的关系也通过正常的外交渠道来继续进行。

虽然丹麦人不喜欢德国人，讨厌他们的存在，但是他们对自己所拥有的优惠待遇比较赞赏。这种安排也使德国人受益。除了使丹麦人相对满意与合作之外，这也有利于平息世界舆论的批评。作为中立国，丹麦是"模范保护国"，但它却没有给其他国家，特别是美国，留下好印象。美国人认为，德国占领波兰后的滥杀无辜才是第三帝国的真实嘴脸。

希特勒任命塞西尔·冯·伦特－芬克为德国驻丹麦的大使，做他的首席代表。伦特－芬克是一个职业外交家，纳粹上台之前他就曾在驻哥本哈根使馆任职。伦特－芬克直接向外交部部长里宾特洛甫报告。他手下只有 200 名德国文职工作人员，负责所有的非军事事务。丹麦武装力量和警察仍在值勤，只需要象征性的占领力量。

伦特－芬克经常发现自己在与被第三帝国强大军队占领的小国的土地上选出的代表讨价还价。但是德国的忍耐是有限度的。在德国官员的"建议"下，丹麦政府对新闻和广播实行了管制。当丹麦内阁对签署《反共产国际协定》犹豫不决的时候，伦特－芬克威胁要把丹麦当成一个被占领国对待，结果迫使对方服从。

希特勒对这一安排并不很满意。他并不信任像伦特－芬克这样的职业外交家，憎恶必须与议会民主谈判的观念。他要废黜克里斯蒂安十世国王，用该国很小的国社党领导人弗里茨·克劳森取而代之。1942 年 9 月，希特勒在克里斯蒂安十世国王 72 岁生日时致电祝贺却只收到了简短的回电，这令他更加恼怒。

希特勒认为这是丹麦人傲慢的表示。尽管丹麦政府做了道歉，但他仍然决定镇压。他用强硬的纳粹将军赫尔曼·冯·汉内肯替代了随和的德军将领埃里克·路德克。他还解除了伦特－芬克的职务，换上了自己喜欢的党卫队少将维尔纳·贝斯特。39 岁的贝斯特看上去是一个理想的人选。作为盖世太保的首席法律顾问和海因里希·希姆莱的副官，他曾企图用合法手段抢夺希姆莱手中的权力。最近，他在被占领的法国担任德军指挥部的参谋。希特勒命令他的新任全权代表把丹麦当成德国的一个省份。

相反，贝斯特像他的前任伦特－芬克一样。他追求他所谓的"理解政策"，目的是保持源源不断地向德国输送丹麦的农业产品和工业产品。这种温柔的接触不仅行得通，而且与他自己的看法很合拍。在任命之前，贝斯特曾预言："丹麦人会像冰岛人曾经对待基督教那样适应欧洲的新秩序：这并不是武力或舆论宣传的结果，而是冷静地认识到这一进程不可避免。"

丹麦国王克里斯蒂安十世在一次早晨骑马回哥本哈根时（左上）与一个臣民打招呼，这是国王聪明地证明丹麦主权的习惯。右上图，为了表示王室的抵抗，克里斯蒂安国王没有理睬两名德国士兵的敬礼。下图，1942 年 9 月 26 日，挥动旗帜的狂欢者聚集在一起庆祝国王的 72 岁生日。这种爱国行为激怒了德国人，不久宣布所有民族主义的集会都是非法的。

贝斯特奉命劝说克里斯蒂安国王解散威廉·布尔总理的政府，批准成立以明显亲德国的外交部部长埃里克·斯卡韦纽斯为首的新政府。1943 年 3 月，作为对丹麦和解的姿态，也许是为了向柏林证明他的观点，贝斯特允许全国举行议会选举，这是德国占领下的欧洲举行的唯一一次自由投票。出身国社党的未来国家元首弗里茨·克劳森在选举中只得了 3% 的选票。

1943 年夏天由于盟军攻克意大利，墨索里尼倒台，丹麦的气氛变了，丹麦人开始意识到轴心国可能最后赢不了这场战争。抗议游行和破坏活动遍布全国。汉内肯呼吁镇压。贝斯特建议克制，结果被召到柏林受到了里宾特洛甫的训斥。一个助手说他回到哥本哈根时都"崩溃了"，他奉命发布丹麦政府部长肯定会反对的最后通牒。他们真的反对，8 月 29 日汉内肯的部队解散了议会，将国王置于卫兵的保护之下，解除了陆军和海军的武装，实行军事管制。

贝斯特向希姆莱发了一封求援信，请求派遣党卫队来支持他的权力机构。希姆莱接受了他的请求，但是以他特有的方式。他利用这次机会加强他个人的权力。他派去了种族与安置中央办公室前头目，党卫队中将京特·潘克，并命令他不受贝斯特的管辖。1943 年 11 月起，由贝斯特、潘克和汉内肯组成的笨拙的德国三驾马车统治了丹麦，这个国家沦落成了一个受压迫的警察国家，在被占领的欧洲其他地方，这种统治方式比比皆是。

荷兰帝国专员赛斯－英夸特（中，着军装）向他的被占政府成员通报重建鹿特丹的计划。1940 年 5 月德国入侵期间鹿特

丹遭受了严重损害。赛斯－英夸特声称对"维护荷兰王国的完整"表示关注，但不久就急切地使荷兰"处于服从状态"。

对邻国挪威和荷兰，希特勒从一开始就实施一种更加直接的控制。他向每个国家派遣一位帝国专员，赋予他特殊的权力，监督现存政府，或者成立新的政府，甚至可以颁布法令。在被占领国，专员对除了德国军队之

1942年，维尔纳·贝斯特（右），丹麦的新任第三帝国全权代表与成为丹麦政府总理的外交部部长埃里克·斯卡韦纽斯合影。柏林用纳粹强硬路线者贝斯特和亲德国的斯卡韦纽斯代替现时的丹麦政府，希望阻止该国不断涌动的反抗浪潮。

外的每个方面都有直接的权力，直接向元首报告。

希特勒当初有意在挪威建立一种像丹麦在大部分战争期间存在的那种相对温和的监督。但是挪威人拒绝合作。1940年春季的两个月里，他们在英国和法国远征军的帮助下顽强地抵抗德国的侵略。哈康七世国王及其内阁并没有像希特勒希望的那样留在奥斯陆，相反他们逃往北方，然后逃到英国，并在那里组建了流亡政府。

希特勒挑选约瑟夫·特博文作为第三帝国驻挪威的专员。特博文曾是一名银行职员，20世纪20年代末参加了纳粹党，并迅速成为埃森的地方长官和莱茵地区的行政长官。他脸色发白，戴一副眼镜，态度冷漠、精力充沛并极有野心。

1940年夏天，特博文着手全面整顿挪威政府，寻觅听话但有能力控制公民的部长。到了9月底，他诱骗挪威议会废黜了流亡的国王。他向柏林报告说现在可以把挪威当成一个"被占领的省份"来对待了，进而解散议会，组建了由亲德国的部长们组成的政府，解散了除国民大会之外的所有政党。国民大会成立于1933年，是以纳粹为榜样的，纳粹在战争之前一直向该党提供经费。在特博文挑选的13位部长当中，9位要么是国民大会党员，要么支持该党。

国民大会的缔造者和领导者维德孔·吉斯林却不在被任命者之列。吉斯林曾亲自邀请希特勒入侵挪威，他的名字已经成了卖国贼的同义词。他曾经是职业军官和国防部长。4月9日德国入侵当天他宣布自己是政府首脑，但由于他没能得到多数人的支持，9天后就被德国人罢免。希特勒仍然希望挽救吉斯林，命令特博文投入大量资金，并提供建议以加强他的政党。

特博文组建了新的亲德政府，吉斯林声称自己无意当一位部长，第三帝国专员信以为真。几乎从一开始两人就争权夺利。特博文挑拨吉斯林党内的对手与他明争暗斗，只要有可能就诋损这位挪威人。乔纳斯·利是一位老警官，也是一位擅写通俗侦探故事的作家，他被任命为警察部长。吉斯林向希特勒抱怨说自己被排斥在政府之外。但是希特勒不信任他；吉斯林希望建立独立的挪威，这与希特勒希望把北欧国家纳入大德意志帝国的长远打算相冲突。

1941年，特博文没能阻止动乱浪潮，再加上希特勒担心英国入侵，于是希特勒给了吉斯林另一次机会。1942年2月，特博文让吉斯林担任了部长主席，理论上赋予他国王、内阁和议会三者所拥有的权力，但同时保留自己作为帝国专员的权利。

约瑟夫·特博文1940年4月24日被委任为挪威的德国最高行政长官，是被占政府里第二个最受鄙视的人。只有挪威的维德孔·吉斯林，变节的挪威纳粹党缔造者以及后来的傀儡政府部长主席比他更受人鄙视。

吉斯林着手使挪威纳粹化，重点是年轻人。他模仿希特勒青年队组建了青年运动，10 岁到 18 岁的男孩女孩必须参加。他颁布法令，所有学校教师必须参加他的政党的新教师阵线。在遇到普遍的拒绝后，他把 500 名拒不服从者送到了北极的强制劳动营。

卖国贼吉斯林比纳粹特博文更不受欢迎。1942 年 9 月，希姆莱控制的帝国中央安全办公室的一位特殊调查员报告说，"挪威 94% 的人反对吉斯林"。事实上，党卫队过高估计了他的凝聚力。在吉斯林上任两个月后，国民大会的党员最多时才达 4.3 万人，不到总人口的 1.5%。

德国占领荷兰与占领挪威有许多相似之处。荷兰王室、威廉敏娜女王以及她的部长们都流亡到英国去了；荷兰的"吉斯林"，本地纳粹头目安东·米塞特希望接任国家元首，希特勒却选择用文人专员来统治。

为了统治近 900 万荷兰人，希特勒挑选了他的老乡阿图尔·赛斯－英夸特。赛斯－英夸特 1938 年是奥地利内阁的成员，他帮助德国削弱了维也纳政府，为德国与奥地利的合并铺平了道路。后来他当了几天第三帝国驻奥地利的总督，然后又当上了被占波兰的副总督。他是一个狂热的民族主义者，坚信所有日耳曼人应该团结起来。纳粹理论家们称荷兰是亲密的亲戚，赛斯－英夸特认为把它交还给德国是自己的特殊使命。他还是一个非常机敏的人，有时候为人和蔼，有时候

征服者的铁蹄

在比元首本人实际形象还要大的元首挂图前，矮小的、讲法语的比利时的亲纳粹的瓦龙党领袖莱昂·德格雷尔在1941年动身去苏联前线之前发表讲话。希特勒利用了比利时许多相互竞争的法西斯组织的忠诚，依次给每个组织一点好处，使其放心。

26

为人强硬。约瑟夫·戈培尔形容他是"精通胡萝卜和大棒艺术的大师"。

在希特勒的恩赐下，赛斯－英夸特拿出了胡萝卜，开始了自己的统治。荷兰战俘获准重新过上了平民生活。除了马克思主义政党之外的所有政党都获准继续存在，但是荷兰议会被暂停了。最重要的是，赛斯－英夸特决定通过秘书长制来统治。13 位文职官员接管了曾由现在的流亡内阁成员领导的各个部门。他大量增加了他们的权力，但是把他们置于他的副手、4 位德国总专员的监督之下。

一开始，赛斯－英夸特有意忽视荷兰的纳粹运动。荷兰国家社会主义运动党是由它的缔造者安东·米塞特领导的。米塞特是一个秃头，身体敦实，四方脸，走起路来趾高气扬，喜欢摆出墨索里尼的样子的人。他是一个专业工程师，也是一个不成功的政客。虽然他是一个纳粹分子，但他热衷于民族主义，这使他疏远了希特勒。他反对希特勒吞并荷兰的长远计划，反而建议成立由独立的国家组成的以希特勒为领导的日耳曼人民同盟，而荷兰则是由邻国比利时的佛兰德斯以及荷兰与比利时殖民地组成的大荷兰。米塞特与他党内的成员花了很多时间在佛兰芒人中间大肆煽动，德国人只好关闭了荷兰与比利时的边境。

但不久赛斯－英夸特为米塞特的政党找到了越来越多的用武之地，战争期间该党党员发展到 10 万人。

在他取缔纳粹党之外的所有荷兰政党，实行严格的广播
和报纸审查，镇压荷兰人时，越来越多的官员辞职。这
些空缺很快就由荷兰国家社会主义运动党成员取代。到
了 1943 年，在 11 位最初选任的秘书长当中只有 3 位还
在位，其他由本地的纳粹或者他们的支持者填补了空缺。
1942 年底赛斯－英夸特甚至向希特勒建议任命米塞特
为政府首脑。帝国专员私底下承认这是一个阴谋，使荷
兰人请求吞并成了"不太严重的罪恶"。希特勒有一个
更好的诱饵。他给了米塞特一个荣誉性的头衔"荷兰人
民领袖"，并授权他组建一个被称为政治秘书处的内阁，
向帝国专员提供建议。这在很大程度上只是作秀，米塞
特拥有的任何影响都慢慢地消失了。

对第三帝国专员权威的更大挑战来自他自己的纳粹
同行。在所有争夺权力的敌对组织当中，有负责帝国经
济的戈林的四年计划办公室、里宾特洛甫的外交部、
马丁·鲍曼的纳粹党机构，但所有这些都没有希姆莱的
党卫队可怕。在希姆莱的建议下，希特勒任命汉斯·阿
尔宾·劳特尔担任赛斯－英夸特 4 位主要副手里的一位。

作为负责安全的总专员，劳特尔理论上服从赛斯－
英夸特。但作为在荷兰的高级党卫队军官，劳特尔直接
向希姆莱报告。在这种双重效忠的松散关系内，劳特尔
积累了相当大的权力。他通过荷兰秘密特工团监督荷兰
警察和所有的德国安全力量。他与米塞特的国家社会主
义运动党组织的荷兰党卫队组织保持着联系。他管理着

集中营，指挥驻扎在荷兰的所有党卫队部队，包括为希姆莱党卫队招募的荷兰人。他甚至可以随意发布命令，比如发布一个授权他本人为了"维持或恢复公共秩序与安全"可以采取任何必要措施的命令。赛斯－英夸特服从这些安排，对于丧失权力，他自我嘲说劳特尔只听他自己的命令。无论如何，他敬重希姆莱，欢迎党卫队帮助使荷兰实现德意志化。

这方面的工作进展神速。作为两国经济一体化的第一步，货币和关税壁垒已被扫清。荷兰人获准在保留本国公民身份的同时可以申请德国公民身份。正如希特勒在国内做的那样，赛斯－英夸特及其党卫队部属们努力将相关活动集中成为一个便于控制的单一组织。根据德国国内规模很大的德国劳工阵线的模式，工会被改成了荷兰劳动阵线。医生、艺术家、新闻工作者以及其他专业人士被迫组建了协会。这种措施在书面上是行得通的，但在改造公民方面却被证明是无效的。比如，荷兰3万名学校教师被迫合并为一个组织，但只有280人是真正的纳粹分子。

在南方，盛行着另一种不同的行政管理方式。在战争的大部分时间里，军事总督统治着由比利时和法国北方省份组成的特别行政区。希特勒对比利时的未来没有把握。至少当时他决定把它与相邻的法国部分地区——诺尔省和加来海峡合并，实行军事统治。这一地区在战略上至关重要，它是计划进攻英国的出发地，也是保护第三帝国重要的鲁尔和莱茵工业区的屏障。

事实证明，德国在这里的统治在基调和类型上都有所不同。军事总督亚历山大·冯·法尔肯豪森将军直接向陆军总司令报告，而不是向陆军总司令和元首报告。作为一个老普鲁士容克地主家庭的后裔，他是一个研读过司汤达和老子学说的知识分子。他担任过一系列外事职务：1912 年任驻东京的武官，第一次世界大战期间担任土耳其陆军的参谋长，20 世纪 20 年代任驻波兰使团代表，20 世纪 30 年代在中国担任军事顾问。他是纳粹极端主义的反对者，然而，可能出于家族的原因，在 61 岁高龄时他仍然被从退休状态中召了回来，担任军事总督。他的叔叔在第一次世界大战的最后占领阶段曾是驻扎在比利时的德军司令。

法尔肯豪森认为比利时"用棍棒是统治不了的"。为了避免纳粹工作人员侵害他的权力，他坚持要求属于他领导的军事机构的公民必须服从他。他牢牢地控制了工农业，将自由工会合并成了一个强制性的超级工会，并改造了教育系统。

他的行政机构出奇的小。1941 年夏天，它只有不到 204 名官员，与 1914 年德国派遣到比利时的一万人形成了鲜明的对照。与荷兰的赛斯－英夸特一样，法尔肯豪森依靠现存的官僚机构，由文职官员为主。当其他部长们逃亡到英国组成流亡政府时这些文职官员留了下来。立宪制君主，利奥波德三世选择留了下来，他让军队投降，自己作为战俘进了铁窗。他为被占领下的国家服务的希望被希特勒打得粉碎，希特勒根本不理睬他。

法尔肯豪森的施政因比利时的文化、政治和语言诸方面的差异而变得相当复杂。800万人口几乎被讲法语的瓦龙人和语言上与德语有关的佛兰芒人一分为二。两者都有自己的法西斯政党，瓦龙人的雷克斯党和佛兰德地区的佛兰芒民族联盟。希特勒把大多数佛兰芒人当成日耳曼人，占领当局也通过早日释放佛兰芒战俘这种做法表示优待。

但是希特勒很快就开始怀疑佛兰芒民族联盟的民族主义，它与安东·米塞特的大荷兰观点一致。与此同时，希特勒个人很欣赏那个喜欢炫耀的年轻领导人——瓦龙雷克斯党的缔造者莱昂·德格雷尔。"如果我有个儿子，"据说希特勒有一次曾说，"我希望他能像德格雷尔一样。"德格雷尔按照国社党的模式重新改组了他的政党，早先他曾模仿墨索里尼的法西斯政党。他还帮助组建了一个旅的瓦龙人到苏联作战，并参加了这支部队。到1943年，德格雷尔的影响帮助说服了希特勒，使他相信瓦龙人和佛兰芒人都属于日耳曼兄弟。

从占领之初，希姆莱和其他纳粹领导人就蠢蠢欲动反对法尔肯豪森。他们认为他缺少国社党人所应有的热情，吵闹着要用文官取代他。法尔肯豪森依靠自己的士兵负责警务，而不靠党卫队安全力量，这样能够阻止希特勒对他的统治的干扰。

直到 1944 年 6 月希特勒才结束了法尔肯豪森相对温和的统治。当时，希特勒向希姆莱的请求做出了让步，用第三帝国专员约瑟夫·格罗厄，亚琛的地方长官，代替了这位军事总督。权力的移交发生在 7 月 18 日，两天后有人企图谋杀希特勒。法尔肯豪森被怀疑参与了这场阴谋。他被关在弗洛森堡集中营，在第三帝国的最后几天里，被转移到达豪集中营，与他的军事政权曾帮助纳粹运送到那里的犹太人和比利时人关在一起。当盟军解放该集中营的时候他就在达豪。

德国对法国实行拼凑式的行政管理。法国有 4200 万人口，是西欧感受到征服者铁蹄的最大国家。法国的形势很特殊：战争的前两年半时间里，全国的大部分人口都逃离了占领区。

1940 年 6 月法国战败之后不久，法国地图反映了德国权宜之计的大杂烩模式。首先，在边缘地区有一系列安排：两个最北的省份诺尔和加来海峡归属比利时的军事政府；东北的阿尔萨斯和洛林合并到第三帝国；东南角的小地方让给意大利。其次有一块最大的、占战前法国 3/5 的土地，一块包括巴黎在内横跨北方的宽阔地带，一直延伸到西海岸。这是被占领的法国，由德军统治。最后，还有南部的一块地区，战争之初德国人没有占领这里。因为它的首府是离巴黎南部只有 175 英里的古代疗养胜地维希，所以人称维希法国。这个所谓的自由区获准保留自己的主权政府、法国的殖民领地、10

1942 年夏天访问海牙时，第三帝国党卫队头目海因里希·希姆莱（中）向赛斯－英夸特（紧靠希姆莱右边）和党卫队警察头目汉斯·劳特尔（希姆莱右边）等人面授反颠覆建议。希姆莱的副官，卡尔·奥托·沃尔夫笔直地站在左边。

万人的陆军和海军。

德国人没有占领法国南部有几方面的原因。这样做能使希特勒快速与法国结束敌对，保留他在地中海的舰队，缓解了它可能与英国合作的压力。允许该国一部分地区保持名义上的自由使法国南方的人抱有独立的幻想，同时让他们背上了行政管理的重担。1940年6月22日停火协议签署之后，维希政府不仅要维持自己区内的秩序，还要任命官僚机构，监督自由地区和被占地区的民事管理。这当然帮了德国人的忙，缩小了被占领区政权的规模。占领者仍然直接控制着战略上和工业上最重要的地区，因为这些地区都在北方。

再者，未被占领地区的存在使德国人在控制两个地区方面有了一个强有力的工具。划分两个区的分界线对法国经济的相互依赖构成了威胁。比如，生产马蹄钉的唯一工厂在北方地区的德赖尔，没有这些钉子，南方拉车的马很快就会毫无用处，将使维希重要的交通手段陷入瘫痪。通过严控或放宽分界线上的人员与货物往来，占领当局就可以对两个地区施加影响。"分界线是我们放在马嘴里的嚼子。"占领区官员卡尔·海因里希·冯·施蒂尔普纳格尔用恰当的修辞方式做了概括，"如果法国后退，我们会勒紧马嚼子。只要法国顺从，我们就会松开一点。"

施蒂尔普纳格尔有个堂兄，他和堂兄两人都是将军，都在占领区当军事总督。他的堂兄奥托是第一个。奥托执行希特勒的命令，集体枪杀在镇压反德国暴动中逮捕的人员，还签署反犹太法令。1942 年 3 月接替他堂兄的卡尔·海因里希逃脱了最恶劣的镇压责任，坚持要"明确地把军事和政治事务区分开来"。在实践当中，这就意味着他把所有控制权都交给了希姆莱的党卫队及其法国合作者，这些人从事驱逐犹太人和对付抵抗人士的肮脏勾当。卡尔·海因里希是一个秘密的反纳粹政权者，他成了反希特勒行动的主要成员。1944 年 7 月 20 日，企图暗杀希特勒那天，他下令在占领区内逮捕了 1000 多名盖世太保和党卫队军官。在行动失败后，希姆莱让施蒂尔普纳格尔走上了绞刑架。

德国与维希法国的关系十分微妙，它主要通过两个人之间的联系来发展：维希政府里最有影响的成员皮埃尔·赖伐尔和德国驻法国大使奥托·阿贝兹。阿贝兹曾是一名高中艺术老师，娶了一位法国太太，成了法国专家，占据着一个奇特的位置。他驻扎在巴黎而不是维希，因为他的大部分工作是就占领区内的政治事务向军事指挥官提供建议。

维希当局并不需要德国的敦促就改组了法国政府。赖伐尔确信战前的民主机构对国家的溃败负有责任。第一次世界大战的凡尔登英雄菲利普·贝当元帅以 84 岁的高龄在休战前几天接任了国家元首。赖伐尔和贝当一起决心建立一个能够恢复他们认为的古代法国美德的专制政权。在他们的倡议下，赖伐尔和贝当以及他们的同僚根除了第三共和国的议会民主制度。他们取缔政党，解散工会，并将犹太人排除在公务机关、教育机构、大众媒体之外。反民主、反犹太、反马克思主义，该政权最恶劣的暴行与纳粹德国的极为相似。

1942 年 11 月英美联合在法属北非登陆迫使希特勒采取行动。为了保护他的地中海侧翼，他命令纳粹国防军进入维希地区，把法国的其余部分也置于军事占领之下。表面上维希政府主权尚存，但是法国人很快就丢掉了他们讨价还价的主要筹码：北非殖民地落入盟军手中，法国舰队被自己的船员弄沉。他们凿沉了军舰，而不是将它们拱手送给德国人。

法国部分地区仍然自由的幻想破灭了。贝当元帅体力和脑力都在衰退，他把大部分权力交给了赖伐尔，后者很快发现自己必须与德国人理清几乎所有的事情。因为希特勒已经指定维希法国为作战区，维希政府现在处于西部战区最高统帅陆军元帅伦德施泰特的控制之下。陆军元帅的代表亚历山大·冯·诺伊布朗在维希设立了办公室，着手组建新的笨重的行政机构，与旧的占领区已经存在的那个行政机构区别开来。

占领岁月里，长长的火车和卡车满载着从占领地上掠夺来的战利品奔向第三帝国。其中有为国内前线掠夺的食物，为纳粹国防军掠夺的新武器，为军工厂掠夺的原材料和工人，甚至还有金银珠宝和货币。"这场战争的真正受益者是我们自己，战争结束的时候我们会大腹便便的，"希特勒吹嘘说，"我们什么也不会还回去，我们要拿走能够利用的所有东西。"

组织掠夺被占欧洲国家的工作一开始由赫尔曼·戈林负责。为了监督经济开发，协调国防军各部门、政府机构和私营企业争夺战利品，希特勒授权戈林直接向德国占领当局下达命令。"我要掠夺，"戈林对他的下属说，"要无休止地掠夺。"

但是戈林逐渐地输给了他的竞争对手。他在经济王国的权力被领导军火装备部的技术官僚弗里茨·托德接管。托德是高速公路和齐格菲防线的建造者。1942年托德死后，由希特勒欣赏的建筑师阿尔伯特·施佩尔接管。与此同时，戈林与其说在履行他的诺言，倒不如说他在追求有利可图的私人爱好。他和他的下属洗劫了阿姆斯特丹和巴黎的美术馆，掠夺伦勃朗、鲁本斯及其他大师的画作，通过没收和廉价购买，他自己积累了价值达数亿美元的艺术品。

德国的经济掠夺始于占领之初。根据第三帝国的裁定，被征服的国家必须向征服者偿付占领它们的代价。法国、比利时、挪威和荷兰为抵抗德国入侵付出了惨重的代价。因为他们武装反抗，他们被正式宣布为被征服的敌国。根据1907年《海牙公约》的条款规定，德国作为战胜国享有一定的权力和责任，比如有维护秩序的义务，有权收税以便支付管理被占领国家和支持本国军队的费用。在这一国际认可的权利的保护下，德国把战

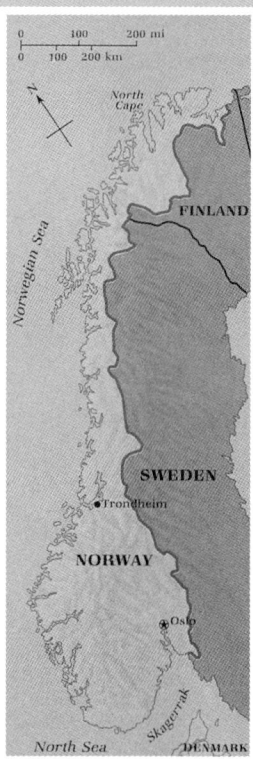

从 1940 年春天开始,
希特勒的国防军占领了西
欧的大部分,攫取的领土
(浅色)包括比利时、荷
兰、丹麦和挪威(上图)。
1940 年 6 月,德国占领
了法国北部,允许维希傀
儡政权管理法国南部,直
到 1942 年他们占领南部
为止。在占领这些国家后
不久,纳粹为抵抗者、政
治犯以及其他不受欢迎的
人建立了拘留营。许多拘
留营变成了放逐中心,许
多犹太人从这里被运送到
东欧的灭绝集中营。

败国的资源都榨干了。

确定赔偿的数字庞大得吓人，远远超过了军队可能花费的费用。从 1940 年到 1944 年，法国被迫每年支付相当于 70 亿美元的费用，比军事占领的实际费用高 10 倍。纳粹同样也向低地国家征收了高额费用。比利时每年要赔偿的数字比年度国家预算还高。德国占领使挪威付出了政府年收入的 75%。

德国人用各种各样的策略控制工业和其他企业。占领当局一般对工厂的所有权秋毫无犯，他们只是安插自己的监督人员监督生产和流通。如果工厂是属于犹太人或第三帝国的其他"敌人"的，德国人就会没收这家工厂，把它交给自己喜欢的工业联合企业。第三帝国还收购企业，用的是收取的占领费用的盈余部分，有的甚至用期票，这种期票到了战后才会有价值，因此如果德国战败这些票据将一文不值。德国企业家们也自己做交易。比如，在和一些法国染织生产商合作时，化学巨头法本公司创立了一家叫法国染织的新公司，当然保留了公司的大部分股份。

在德国的大棒之下，每个国家都被迫耗尽自己的资源。丹麦每年运送黄油、奶酪和多达 10 万吨的肉，1944 年为 840 万德国人提供食物。比利时的钢铁工业满足了第三帝国 16% 的需求。挪威充足的水电被用于在那里生产铝。荷兰人有 100 万辆自行车被纳粹国防军没收。1942 年 12 月，2300 节满载着从荷兰低价收购来

　　1941年8月奥托·阿贝茨及其夫人一起到凡尔赛医院看望在一次未遂谋杀事件中受伤的皮埃尔·赖伐尔。

的玩具、化妆品和其他消费品的车厢向东隆隆驶去，在圣诞节期间把被炸弹损坏的德国城市装扮得漂漂亮亮。

哪个国家也没有法国对德国经济做的贡献大。占领最初的几天里，纳粹国防军就有 250 辆满载着武器装备及其他物资的列车运往第三帝国，从此法国成了最大的食物、原材料和成品供应国。维希法国和被占地区制造的每一样东西，从酒和粮食到飞机引擎和汽车，都支撑着德国的战争经济。1941 年 6 月，休战一年后，一位法国将军向贝当元帅抱怨说："德国人把法国当成了一个可随意搬运的仓库。"

第三帝国在剥削被征服国家的人力资源方面也行动很快。希姆莱的党卫队占领了这方面的资源，在所有被占的西欧国家，党卫队招募了 12.5 万名士兵。但是在战争工业里劳动力发挥的作用最大。首先，有数以百万计的男男女女在自己的家乡为纳粹的战争机器辛勤劳作，他们通常是在适用于除丹麦以外任何国家的义务劳动法的逼迫之下不得不为之。除此之外，被占领的西欧有 400 万男女——战俘和老百姓战时在德国国内工作。在占领的最初两年里，在第三帝国工作的外国人都是自愿的。法国来了 18.5 万人，比利时来了 15 万人，荷兰来了约 20 万人，丹麦来了约 10 万人。促使他们到德国来的原因是国内失业和因战败而出现的经济混乱，以及希望德国繁荣的工业提供好工作和高薪水，德国战前就缺乏足够的劳动力。

到 1942 年春天，志愿者已经远远不够了。与苏联交战消耗了太多的人力和物力，希特勒决定从被占领的国家招募劳动力。为了动员和招募工人，他挑选了图林根前地方长官弗里茨·绍克尔。绍克尔是一个粗人，自己承认从没读过一本书，他向元首保证"用狂热的忠诚"完成任务，他真的这样做了。

根据希特勒的命令，绍克尔可以绕过他名义上的上司戈林，直接与被占领当局的最高层打交道。在西欧，他把主要精力集中在 3 个最大的国家——荷兰、比利时和法国。他最终从比利时和荷兰招募了 30 多万人。1942 年夏天，绍克尔向被占领的法国签发了征召劳动力的法令。与此同时，他与赖伐尔达成了一项适用于两个区域的交易。根据所谓的救援计划，法国政府将积极招募工人；每向第三帝国送 3 个技术熟练的劳动力，德国将释放仍然在押的近 200 万法国战俘中的一位。征召劳动力的法令与救援计划一起，召到了约 24 万法国男工，差一点就达到了在 1942 年下半年征召 25 万工人的目标。1943 年的上半年又达到了这一数字，但是此后招募工作慢了下来，尽管此时全法国都被占领了，尽管维希政府也通过了强制劳动法。

在法国征召的劳动力越来越少，在整个被占领的欧洲国家都是如此，部分原因是纳粹统治集团内部钩心斗角所致。第三帝国的装备部长阿尔伯特·施佩尔在与绍克尔的斗争中取得了胜利。施佩尔坚持认为西欧国家的工人在他们国内为第三帝国工作要比在德国做更好，在德国还要管他们的吃住，保护他们不受盟军的空袭。1943年底施佩尔和维希政府达成了一项协议，结果拥有73万工人的数千家法国工厂不需再向第三帝国派送工人。

强制劳动计划的另一个阻力是有关消息被泄露到了被占领国。消息说，在德国的劳动条件越来越差，工人12小时轮班，被安排在狭小的棚屋里，并扣除80%的工资。许多法国人、比利时人和荷兰人不愿面对这种强制劳役，跑到森林和大山里，参加了抵抗组织。

绍克尔越来越多地依靠残酷的方法来达到自己的目标。当地警察和德国特工大量抓捕劳动力，甚至通过包围电影院或者包围教堂抓走了成百上千的男人。在法国，他的手下往往把工人灌醉后把他们诱骗到招募中心。在鹿特丹的一次行动中，警察和士兵封锁了城市，一天就抓了5万荷兰人。

身为加强德意志帝国的专员，希姆莱是希特勒在被占领土实施种族清洗的工具。希姆莱的幻想之一是把成千上万自称有优秀日耳曼血统的荷兰人迁移到东欧广阔的土地上，改善那个地区的族群。"启动这一政策的命令，"他在1941年写道，"将在战后签发。"

但是他和希特勒都无意拖延实现更加阴暗的幻想。在同一时期，当强行征召的劳动力源源不断地被送往德国的时候，成千上万的犹太人被关在封闭的运货车厢里，

沿着铁路前进。占领当局说他们也去德国工作，但这些车厢却往东开去死亡集中营。战争开始前，西欧被占领的国家里生活着约 50 万犹太人，战争结束前，毒气室夺走了其中约 20 万犹太人的性命。

荷兰是西欧丧失犹太人最多的国家，荷兰的经历很典型。差不多在荷兰刚刚投降的时候，赛斯－英夸特及其同伙就运用了臭名昭著的纽伦堡法案中关于种族的曲解——祖辈中有一方是犹太人的人都被视为犹太人，并开始没收这样界定的犹太人的财产。他们把犹太人从政府和专业部门里排挤出去，要求他们到当局登记注册，严禁他们乘坐公共交通工具，甚至连骑自行车都不准，强令他们佩戴六芒星。他们组建了一个犹太人理事会，

一个工人从卡车上卸下丹麦的焦炭，然后装到德国的火车车厢里运往第三帝国。到战争结束时，资源匮乏的德国几乎用尽了丹麦并不丰富的煤炭资源。

1940 年维德孔·吉斯林组建的挪威劳动服务部里的志愿者在修路。1941 年 5 月，吉斯林根据第三帝国劳动服务部的模式组建了挪威劳动服务部。规定所有身体健康的挪威男人都必须轮流参加劳动服务部工作。

由著名的犹太人帮助实施可怕的行政管理，准备为大屠杀铺路的书面材料。1941年9月，希姆莱的安全机构在阿姆斯特丹建立了这一官僚链条上最后一个必要的联系点——犹太移民中央办公室。不到一年后的1942年7月，该办公室指挥了第一次大规模驱逐行动。从荷兰送到东欧的11万犹太人当中，只有5000人幸存了下来。

大屠杀的模式因各国盛行的氛围而异。在比利时，德国军事政府对强制执行希姆莱的政策没有什么胃口，把这项工作留给了他自己的党卫队特工：约2.4万犹太人死在集中营里。在挪威，吉斯林重新启用了早已不用的宪法条款规定，严禁犹太人和耶稣会成员在该国生活，为驱逐犹太人铺平了道路。在1800名犹太人中，有

770 人被送往奥斯维辛集中营，只有 24 人生还。在维希法国，贝当政府早在 1941 年 2 月就拘留了约 4 万名外国出生的犹太人。全法国约有 7.5 万犹太人被驱逐到东欧的死亡集中营。这其中只有 2800 人活着走了出来。

这种体制只在丹麦受到了阻挠。为了维护这个"模范保护国"的温柔接触政策，德国人在 3 年多的时间里没有对 7000 丹麦犹太人采取强硬的措施。即使在 1943 年希特勒下令驱逐他们之后，德国官员也很不情愿。据说第三帝国的全权代表贝斯特间接地泄露了即将开始逮捕的消息，并禁止警察进入犹太人家里。在同胞们的帮助下，差不多有 480 人逃到了瑞典。

似乎对 1942 年被占领的法国到处弥漫的反犹情绪漠不关心，巴黎的孩子们在挂着"犹太人不得入内"牌子的公园内嬉戏玩耍。

丹麦人也没有忘记德国人想方设法找到的那些人。丹麦官员不断地向占领当局打听那些人的生活情况，这些人大部分都年纪太大，没法躲藏，也没法逃跑。他们送饭送衣，甚至到拘押这些丹麦人的捷克特雷什塔特集中营看望他们。他们的非凡努力挫败了纳粹的杀人机器，创造了被占领国独一无二的纪录。就目前所知，丹麦的犹太人中没有一个死在毒气室里。

非犹太的阿姆斯特丹居民在该市用铁丝网围起的犹太聚居区外散步。聚居区是1941年德国占领军为了将犹太人与荷兰其他社会隔离开而设立的。

47

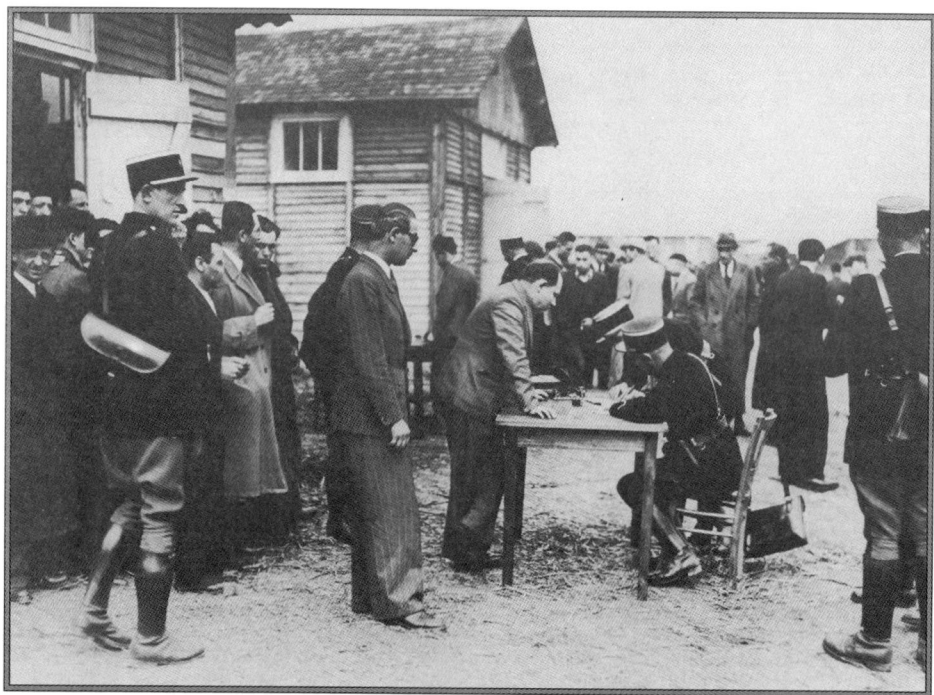

1941 年 5 月，宪兵在巴黎南 45 英里的皮蒂维耶集中营登记新到的犹太人。法国犹太人被从皮蒂维耶和其他几个被占法国的拘押中心送往东欧的死亡集中营。

为第三帝国
工作的
法国人

在纳粹看来，在被占的欧洲国家中法国的熟练工人最多，可以解决德国关键的劳动力匮乏问题。

第三帝国急于改善因上百万的战俘造成的生产问题，发动了强行征召法国工人的运动，一开始给他们的优惠和给轴心国以及中立国工人的优惠一样。帝国劳动部发动的舆论宣传许以高薪，良好的生活条件，每周 60 小时的工作时间和短期合同。保证已婚工人每 3 个月休一次假，允许每月向家里汇 250 马克。未婚工人获准每 6 个月休一次假，每个月可以向家里汇 150 马克。在其他诱惑当中，德国人还说法国和其他西欧国家的工人将和他们的德国同行享有同样的工作条件，食物配给，附加福利和住房。

招工活动因占领者实行的经济限制得到了加强。纳粹严禁法国提高工资或薪水，并把大量的法国消费品运往德国使用。余下的商品不可避免地流入黑市，那里的价格对领取固定工资的法国人来说太高了。在面对经济损失的时候，法国工人会更愿意接受德国工厂的工作。

至少在一开始，这种征召活动是行得通的。1941 年 10 月 1 日，经说服，48000 法国男女到德国的工厂和农场工作。但是很快他们就意识到德国人并不守诺言，他们的幻想破灭了。

1941 年 11 月，在招工活动中自愿到柏林工作的法国工人向无名烈士墓敬献花圈。

在这幅招工张贴画里，一位法国工人左手持盾牌，右手拿着锤子，挡住一只熊。大写字母的意思是"为欧洲工作，保护你的国家和你的家园"。

"你掌握着战俘营的钥匙，"解救计划的张贴画说，"法国工人们，到德国工作，解救战俘吧！"在战争结束时因叛国罪被处死的赖伐尔总理告诉他的国民说，参加解救计划是他们的爱国义务。

在这张宣传照片里，一脸灿烂的志愿者排队登记参加解救计划，该计划将她们带到了德国。

右上生产部长让·比舍洛纳（右二）参观一个解救计划训练中心。

纳粹对"志愿者"的需求

1942年初，法国"志愿者"的人数越来越少了。对德国人来说，显然需要采取更加强硬的措施才能满足第三帝国的劳动力需求。

希特勒的劳动部长弗里茨·绍克尔要求法国在7月底之前把出口的劳动力增加到25万，否则将面对强行招工法令。维希法国的总理赖伐尔在答复时提出了解救计划的建议，这是一种能够满足法国人爱国主义热情的一种志愿体制，即每向德国派3名工人，就释放1名法国战俘。

解救计划被证明是一个巨大的失败。到了7月，只招募了3.13万名新工人，按照绍克尔的要求，法国政府颁布了义务劳动法。到1943年初，德国组织者已经控制了招工工作，法国工厂工人被迫从组装线上退下来，被送到德国。6月和7月，11.6万名新工人被强行送到德国。

但是当纳粹战争生产部长阿尔伯特·施佩尔免去在法国工厂为德国战争机器生产商品的工人的劳役时，绍克尔的工人队伍实际上就断了流。到了秋天，数以千计的法国工厂被划为特殊工厂，这些工厂的工人可以免服绍克尔的劳役。

53

感激不尽的法国战俘在被解救计划释放后乘车从德国归来。车上写着"我们的心不知道仇恨"。招工张贴画上展示的是一队战俘踏上归乡之路，而劳动者，如左下图的金属加工工人，则高高兴兴地前往德国。

适合招工年龄的法国青年向巴黎人口普查中心报道并登记。

搜捕不情愿的劳动力

1944 年 1 月，弗里茨·绍克尔奉希特勒命令，当年再招募 100 万法国劳动力，他被迫采取极端措施来完成这一定额。所有年龄在 16 岁到 60 岁之间的法国男人和年龄在 18 岁到 45 岁之间的法国妇女都被命令登记参加招工。绍克尔后来命令法国警察的警官们，放手搜捕违反招工令的人。这些人要么被关在法国监狱，要么被送到德国当劳工。

施佩尔的特殊工厂赦免规定仍然有影响，绍克尔只好又采取一个极端措施，他签署命令，任何一位法国人只要向招工处告发一个同胞，就可以得到 50 马克的奖赏。

成千上万的法国适龄青年选择了参加抵抗组织，消失在地下，而不是屈从到德国去当事实上的奴隶。除此之外，法国官员的合作行动迟缓，绍克尔在完成希特勒提出的要求方面仍然遇到很大的挫折。

6 月 6 日，盟军进攻诺曼底，实际上结束了纳粹在法国的招工。1944 年绍克尔费尽心思才召到了 3 万名工人，比他答应希特勒的 100 万相差甚远。

义务劳动是法国官方对强迫劳动的美化。这张招贴画说，它为法国青年提供了一种选择：他们要么在战胜的德国工厂里工作，要么在失败的英国和犹太人那边死亡。

Jeunes de France...
sachez choisir!

S.T.O.

巴黎招的工人等着火车把他们送到德国，他们将在那里至少工作两年。

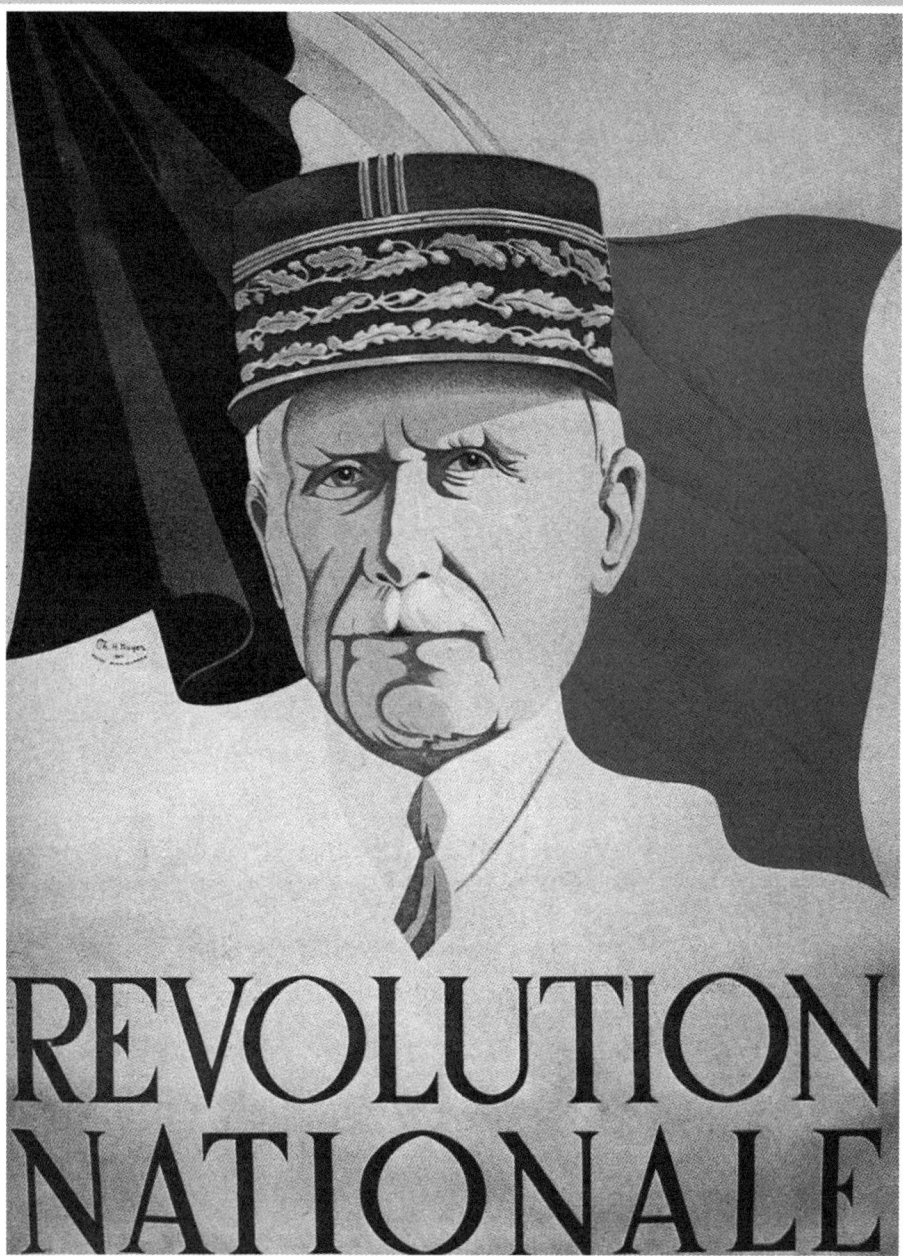

2. 合作者的劣迹

1940 年 11 月 28 日，法国投降不到 6 个月，法国国会下院在维希集会，聆听纳粹理论家阿尔弗雷德·罗森堡解释他们国家战败的原因。"法国大革命颓废的继承者与大德意志革命的第一批部队发生了冲突，"希特勒非官方的哲学家宣称，"在这场冲突中，1789 年的时代现在到了穷途末路。在一次胜利当中，它被打垮了，虽然已经腐败不堪，但它仍然趾高气扬地想在 20 世纪继续对欧洲的命运指手画脚。"许多不再抱幻想的立法者同意罗森堡的历史性评估意见。他们认为法国的崩溃不仅证明了第三共和国（1870 年拿破仑三世下台后组建的政府）的无能，还预示着民主本身即将死亡。国家社会主义是未来的潮流吗？在整个欧洲大陆，战败国的公民在面对失败的时候都默默地问自己这个问题。

每个人都面临同样艰难的选择：与德国合作还是抵抗。没有中间道路可以选择。抵抗的后果是看不见的，遥远的，危险是具体的，随时随地都存在。任何不服从德国的人被捕后都会被立即关进监狱，或者处死。另一方面，与德国合作不仅提供了生存的机会，还可能得到特许，重新过上正常的生活。其他方面的考虑也使人们

法国总统、德国的合作者、年迈的贝当元帅的肖像，在 1940 年他的反民主维希政府发布的这张贴画里双目圆睁。贝当打着"民族革命"的旗号敦促法国人重新找回他所谓的工作、纪律和服从的"古代法国美德"。

59

不愿意采取勇敢反抗侵略者的立场。

德国人不像在波兰那样野蛮粗暴地对待公民，在西欧的占领部队举止最好，和平条款相对温和。希特勒坚持说他只希望保护中立的斯堪的纳维亚和低地国家；他与法国的休战虽然有些强硬，但并不是不光彩的。

再者，大多数欧洲人认为战争已经结束，德国人胜利了。虽然他们不相信并反对德国，但他们当中许多人把怨气都撒向了本国已经流亡的王室和政府。当他们以前的领导人呼吁他们进一步抵抗，但继续冲突只能加大灾难的时候，他们被抛弃的感觉更强了。谁也不想让第一次世界大战重演。

并不奇怪的是，大多数丹麦人、挪威人、荷兰人、法国人、比利时人和卢森堡人准备与德国人合作，而不是反对他们。但是不论他们的动机如何，不论是出于恐惧，或是权宜之计，希望维持社会秩序，或是面对德国的强大无能为力，或是信奉国家社会主义，或者只是有顺从的倾向，他们想得到点好处的愿望从来也没有实现。希特勒无意给任何人好处，也不想给任何人权力，即使是挪威的维德孔·吉斯林或荷兰的安东·米塞特等傀儡政治家也一样。虽然要依靠纳粹支持者帮助管理他的新帝国，但希特勒对每一种合作都持怀疑和嘲讽的态度。"如果他们违背他们人民的利益，他们就是可耻的。"希特勒有一次说，"如果他们想帮助他们的人民，他们就是危险的。"在希特勒看来，被占领的人民只有在帮

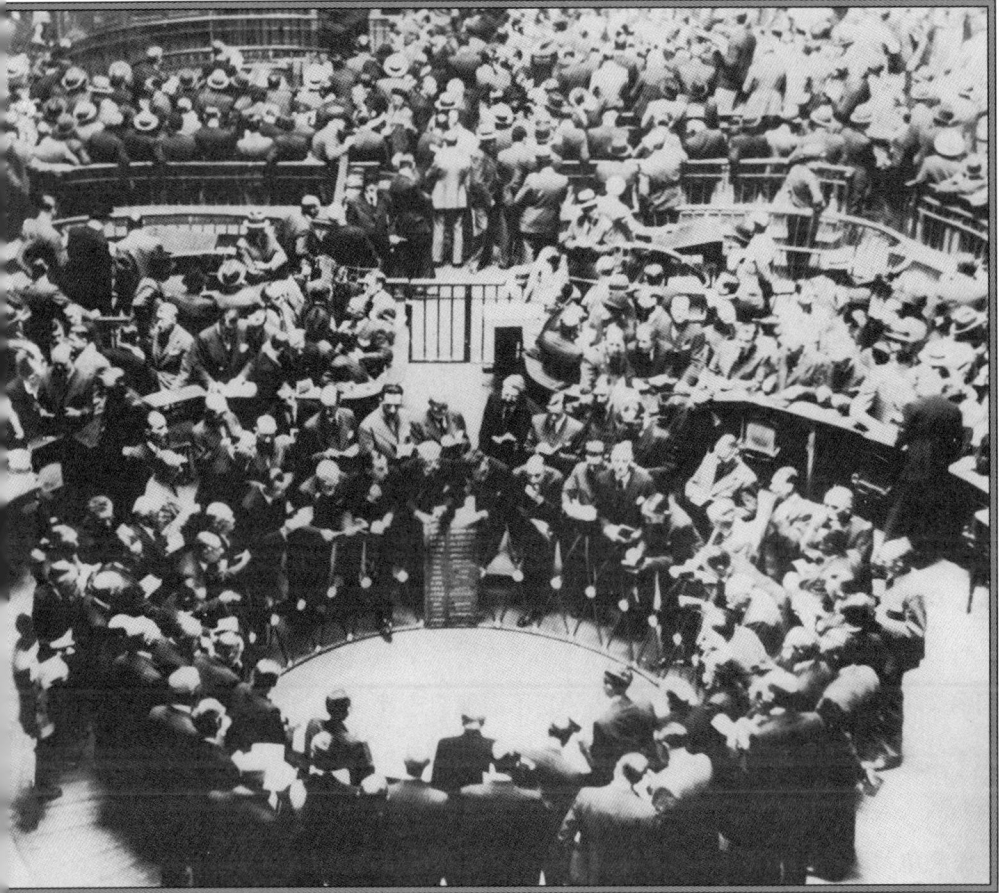

1940年10月8日，法国沦陷4个月之后，巴黎的股票交易所重新开业，当天交易者挤满了大厅。此时许多躲过德国屠杀的巴黎人又回到了城里，商店开门了，生活表面上恢复了正常。

助他的战争机器，支持他的种族政策的时候才有价值。

战争后期，合作一词成了叛变的代名词。事实上，在被占领土上从战争当中活过来的人都在某种程度上妥协过。哲学家让·保罗·萨特曾出版过其主要的哲学著作《存在与虚无》，他在德国占领期间最终加入了法国地下组织。他这样描写过当时的两难境况："不与我们的敌人同流合污，我们就寸步难行，没有饭吃，甚至没法呼吸。我们的血管里连一滴血都没有，但是他们有。整个国家既抵抗又合作。我们做的每一件事都是可疑的，我们不知道我们所做的对不对。一种微妙的毒药把我们最好的行为都腐蚀了。"

在所有被占领的国家里，国家和地方的官僚机构选择坚守本职，继续履行日常职能，而不是走出去抗议德国的侵略行径。官僚文人们分析说，罢工只会开门揖盗，让德国人干预日常生活，增加整个社会的困难，不论德国人是否存在，社会都仍然需要公共设施、消防部门、交通设施、医院和其他公共服务。

在挪威、丹麦、卢森堡和法国都多少自动地出现了这种行政管理上的延续。但是荷兰和比利时政府命令他们的文职官员与德国人合作，只要占领者不逼他们违背国家的利益。事实上早在1937年，两国就草拟好了在面对敌人入侵时公共官员的责任指南。比利时不仅希望铁路和电站雇员履行职责，还要向占领者保证他们决不搞破坏。荷兰对同样的合作规定了一个限制性条款，德国人不能把纳粹政府强加给荷兰人民。

虽然被占领者一方面与德国人合作，同时又憎恨他们，但是建立友谊也并不稀奇。德国铁路工程师、卫生官员和军警都在寻找他们的外国专业同行。浪漫的爱情故事也常有发生，尤其在法国，虽然德国兵不许与被占领国的公民结婚。但到了1943年年中，仅在维希地区就有 8 万名法国妇女向德国军事当局申请孩子的福利，要求给她们的孩子注册德国国籍。

1940 年 10 月，维希的国家元首贝当元帅在法国小城蒙图瓦尔停留的元首私人专列车厢里与希特勒会晤后，第一次阐明了他的政府对德国的立场。他在一次无线电广播讲话中对法国人民说，"我今天已经迈入了合作之路"。他摒弃过去"过去的和平遭到破坏"的说法，改口称法国和德国已经开始了"全新的合作和平"。

但是这位老元帅从来没想让合作变成服从或叛国。战争失利后，正如他判断的那样，他认为为法国争取尽可能好的和解是他的责任，也是每一个爱国者责无旁贷的事情。他希望随着时间的推移，法国可以凭借其优秀的文化在希特勒的欧洲新秩序中成为"仅次于"德国的优秀国家。

但是纳粹无意给法国优待地位。详细记载希特勒与贝当会晤的德国公报没有提及法国与德国的合作。第三帝国的宣传部长约瑟夫·戈培尔命令德国新闻不得提及此事。希特勒本人也只提过这个词一次，是在 1942 年 11 月德国军队破坏休战条款占领维系地区之后，出于"礼节"，他致信贝当，称希望同他讨论发展更紧密的德法合作。

希特勒从一开始对法国人就只有嘲讽，尤其是嘲讽合作。据戈培尔说，希特勒愿意听合作谈话"只是暂时的"。戈培尔在日记当中吐露："如果法国人知道元首

1940 年 10 月，贝当与希特勒在蒙图瓦尔车站的元首专列车厢里就法国的合作政策达成协议后两人握手。翻译保罗·施密特（中）回忆说贝当与希特勒打交道时很傲慢，"像一个元帅跟一个下士讲话"。

有朝一日会对他们提出什么要求的话，他们肯定会目瞪口呆。这就是目前最好对此保持沉默的原因。"在他考虑做出让步之前，希特勒希望法国人能用行动证明自己的忠诚。

在他本人而言，贝当尽了最大努力防止法国成为德国的附属。这位傲慢的老元帅在他认为过分或丢脸的要求面前立场坚定。他拒绝了希特勒关于法国参加对英国作战的建议，避开了纳粹交出法属殖民地和其他设施的命令。他还拒绝解除法国舰队的武装，拒绝让法国的商船为北非的德国军队运送给养。

就在贝当回避希特勒的要求时，维希的其他方面正在组织秘密警察保障法国的长期利益。包括反民族颠覆活动局，一个总部位于马赛的反间谍中心，还有一个化名技术公司的组织，实际上是一个反间谍行动阵线。在被占领的第一年，这些地下组织逮捕了成百上千的轴心国间谍，并处死了其中的许多人。

但不久维希拯救法国独立的决心就减弱了，皮埃尔·赖伐尔应该负最大的责任。赖伐尔是一个卑鄙的、灰黄皮肤、长着一双袋状眼睛的矮个子，是一个职业政客，熟练的谈判高手。在第一次世界大战后的这段时间里几度当选总理，还多次担任过内阁的小职位。

法国极右翼散发的一种卡片表达了对蒙图瓦尔会晤结果的失望。它说，贝当没能充分合作，而是鼓励犹太人，危害了法德关系。

COLLABORATION

Comment on l'envisageait
après Montoire
entre la France et l'Allemagne | Ce qu'ils en ont fait | Finira-t-elle
ainsi ?

几年时间里，赖伐尔对法国的议会制度感到失望。他认为议会制度只能产生蛊惑人心的言论，在面对严重的国家问题时无能为力。

他认为民主把这个国家引向了毁灭，他把自己的政治观点转向了右翼。20世纪30年代，他研究过墨索里尼的施政理念与措施，后来他成了墨索里尼和希特勒的公开支持者。1936年大选失利使他非常痛苦，这也更加坚定了他改革法国宪法的决心。

1940年6月，赖伐尔与当选的法国代表就贝当元帅领导下采取新的政府形式辩论时得到了机会。在辩论开始前，赖伐尔向同僚们说："议会让我作呕。现在我让它作呕。"

"既然议会民主希望与纳粹主义和法西斯主义交锋，既然它已经输掉了这场斗争，它就必须消失，"他告诉与会的议员们，"一个新的政权——一个大胆的、权威的、社会的和民族的政权一定会出现。"

7月3日，法国舰队在阿尔及利亚的米尔斯克比尔抛锚时遭到英国海军舰队的突然袭击，这显得赖伐尔的言论更有分量。英国人担心法国舰艇会被轴心国夺去，便向该舰队猛烈开火，击沉一艘旗舰，使另外两艘瘫痪，打死了1300名法国海军。从维希的角度看，英国的行动是无耻的，因为法国已经保证该舰队不参战。气急败坏的赖伐尔指责英国人首先使法国遭遇了灾难，现在又利用法国来挽救自己的面子，许多法国人同意这种说法。

赖伐尔认为自己能够通过与德国讲和来挽救法国。"我不相信纳粹会永远存在下去，甚至不相信它会长期存在下去。"他有一次说，"在15年或20年的时间里，

1942年12月19日,
时任维希总理的赖伐尔
(下)在访问东普鲁士
的希特勒军事指挥部时
静立倾听帝国元帅赫尔
曼·戈林的长篇大论。

欧洲会对自由产生新的渴望。只要法兰西之火生生不息，即便是很微弱的一小簇，也可以重新点燃已经熄灭的火炬，因为除她之外没有别的了。"

法国代表们投票废除国会，赋予贝当专制权力，元帅任命赖伐尔为副总理。但是，贝当很快就对他的副手感到失望，1940 年 12 月，他冒着惹怒希特勒的风险从内阁里开除了赖伐尔，主要原因是赖伐尔力图促成与德国的全面军事合作。这次罢免进一步激起了希特勒对这个国家的不信任，他在《我的奋斗》中曾称法国为"德国人民势不两立的死敌"。

在过去几个月里，在德国越来越大的压力之下，维希开始作出让步，同意了许多他曾坚持拒绝的要求。1941 年 3 月，让·弗朗索瓦·达尔朗元帅请求并得到德国允许使用法国战舰保护法国商人不受英国舰队的袭击。第二个月，贝当同意让纳粹国防军使用法国在叙利亚的空军基地。德国提出允许德国海军用法国控制的突尼斯比塞大港为德国非洲军团运送给养，他做了让步，同意德国使用达喀尔港以及法属西非的一些军事设施。希特勒也做出了些许回应，交还了一些被俘的鱼雷舰，暂时降低占领费用，释放了约 7.5 万名法国战俘。

在希特勒的要求下，贝当于 1942 年 4 月重新启用了皮埃尔·赖伐尔，任命他为政府总理。贝当的影响从此开始下降。赖伐尔被迫不停地向德国无休止的要求让步，德国人要什么拿什么。他解散了维希情报局，允许德国便衣警察进入未被占领的地区追捕法国抵抗者。当德国把他们的受害者赶到第三帝国内的集中营时，赖伐尔视而不见。与此同时，赖伐尔加强了自己的警察行动。1942 年 10 月，维希警察逮捕了 5000 多名法国共产党，约 400 名抵抗组织的成员，收缴了 40 吨武器。驻法国德军司令卡尔·海因里希·冯·施蒂尔普纳格尔将军表扬赖伐尔工作做得很好。一个月后当纳粹国防军撕毁休战协议进入维希地区的时候，最大的耻辱终于降临了。

正如 1940 年戈培尔所预言的那样，法国人并不知道合作最终的危害有多大。赖伐尔似乎在 1943 年初认识到了灾难的严重程度。当时希特勒的劳役征召专员弗里茨·绍克尔要求再召 25 万名法国工人。赖伐尔答复说："我代表一个没有陆军、没有海军、没有统治权和再也没有黄金的国家。我代表一个在德国仍然有 120 万战俘的国家，最后，我代表一个有 90 万工人为德国工作的国家。"赖伐尔说，法国方面做出的全是牺牲，而德国方面做出的全是高压统治。

这种情况持续到 1944 年解放。德国人提高经济支援的要求和对越来越多的法国抵抗运动采取更加严厉的行动时，赖伐尔和贝当只能默认。

1943 年开始，维希政府领导人被迫禁止法兰西民兵对抵抗组织发起的恐怖活动。法兰西民兵是一支由法国人埃米尔·约瑟夫·达纳德领导的准军事部队，其志愿成员多达 45000 人。

因与纳粹合作而备受人们唾弃的皮埃尔·赖伐尔在1941年8月凡尔赛的一次未遂谋杀事件中受伤后被护送上汽车。

　　达纳德是一个狂热的民族主义者和实干家。第一次世界大战当中他得过法国的最高军事荣誉：军事勋章，由贝当本人亲自颁发给他。两次大战中间，他参加了一系列的右翼极端组织，包括恐怖的僧衣组织，这个组织决心不惜任何手段，包括发动兵变，打击威胁法国政府的共产党。1940年他重新参了军，打击德国人。在休战协议之后，达纳德搬到维希地区，领导法国老兵协会尼斯分会，这是一个由贝当建立的支持维希政权的组织。

他认为行动必须升级，于是建立了维安团，充当维希的近卫军。这个组织便是法兰西民兵的前身。兵团成员都宣誓效忠贝当和法国，并誓与民主、犹太人和流亡伦敦的自由法国领导人查尔斯·戴高乐斗争到底。

在盟军进攻北非之后，希特勒担心盟军可能进攻法国的地中海沿岸。由于担心游击队袭击他的军队后方，他召见了赖伐尔，要求他组织一支后备警察力量维持秩序。赖伐尔答应了，1943 年 1 月 31 日组建了维安团，他本人担任维安团的头目，达纳德担任秘书长。

赖伐尔只希望维安团保护维希的利益，但是达纳德却把它变成了法国的党卫队。德国人奖赏他并授予纳粹党卫队少校的军衔，他按照纳粹冲锋队的模式装备自己的士兵，卡其衫、黑领带、深蓝色的夹克和裤子，以及贝雷帽。德国人为他们提供武器。

到 1943 年春末，保安队与抵抗组织同根相煎，残酷地展开了厮杀。第二年夏天盟军到来之前，这种流血一直没停。达纳德到德国寻求庇护，后来又逃到意大利，维安团的残余力量在那与意大利的反法西斯队伍作战。他被捕后送回法国审判，他拒绝为自己辩护。后来，他被判处死刑，被一个行刑队击毙。

战后，赖伐尔和贝当都因叛国罪接受了查尔斯·戴高乐临时政府组建的高级法庭的审判。两位维希领导人都被判处死刑。考虑到贝当年事已高，加之他是第一次

世界大战的英雄，戴高乐将元帅的惩罚减为终身监禁。他在布列塔尼半岛南部约岛城堡内平静地度过了晚年岁月，1951 年去世，享年 95 岁。临死前，贝当坚持认为自己维护了国家的最大利益。"法国人民将永远不会忘记，"他宣称，"正如我在凡尔登拯救了他们一样，我在维希也拯救了他们。"

赖伐尔的命运更是一波三折。他的审判是在恶毒的谩骂与指责气氛中进行的，一开始赖伐尔就指责法官不许他为自己辩护。他抵制后面的听证。

赖伐尔被关在巴黎郊外的弗雷纳监狱的铁窗内，他企图服毒自杀骗过行刑队。他在战争期间一直带着一个

维希法国维安团的组织者和头目埃米尔·约瑟夫·达纳德（中）参加 1944 年的一次集会，一边站着一位穿皮衣服的保镖，另一边站着一位穿制服戴贝雷帽的保安队员。皮埃尔·赖伐尔有一次说，这位野蛮粗暴的达纳德的"政治智慧不比路边的石头高明多少"。

秘密的小药瓶。但是毒药太旧药效失灵，没能夺去他的
性命。这位前法国总理被救活了，被搀扶到绞刑架前，
人们不给他水喝折磨他。他的遗孀一直在为他辩护。"审
判一个人又不让他说话可不是法国人的方式，"她抱怨
说，"这正是他一直打击的——德国方式。"

在被占欧洲的其他地方，合作的前景受到了那些希
望登上高官位置的希特勒们的欢迎。希特勒本人期待着
得到持相同意见的人的帮助，传播纳粹的种子，在欧洲
建立新秩序。不过，事实证明，希特勒和欧洲国家社会
主义领袖们对彼此都很失望。希特勒希望找到有很多追
随者并愿意担任柏林控制的傀儡的本地纳粹领袖。相反，
他遇到的是一帮只贪图荣华享受、不得民心的无能政客。

维德孔·吉斯林就是这样一位妄想者。1940年4
月德国入侵时他发动政变，宣布接管挪威政府，迎接德
军。吉斯林解释自己之所以发动这场政变是想与"我们
的德国同胞达成谅解"，并为挪威"在建立欧洲新秩序
的过程中赢得一个领导地位"。这场政变闹剧让纳粹十
分尴尬，吉斯林从此在世界范围内臭名昭著。不仅挪威
的官员们拒绝服从他的命令，连他从自己的国民大会党
里挑选的部长们也不支持他。德国驻奥斯陆大使也拒绝
了他，认为他不适合领导挪威，虽然希特勒下令帮助建
立吉斯林领导的政权。

这位挪威纳粹与希特勒有许多相同的特点，但不具
备当元首的残忍或政治手腕。和希特勒一样，吉斯林有

着强烈的宿命意识。他认为他生来就是为了把挪威带到新的高峰。他喜欢说自己的生日,1887 年 7 月 18 日正好是哈夫斯峡湾战役纪念日,在那场战役中哈拉尔德·霍尔法格尔打败了其他维京国王,成了统一的挪威的领袖。吉斯林是一个路德教牧师的儿子,与挪威著名的剧作家亨利·易卜生有远亲关系,他很为自己的先人感到自豪。"我是在维京墓群中间长大的,周围是石刻的历史和传奇,"他有一次说,"我属于一个古老的家族,我从小接受的教诲是相信家族荣誉、家庭历史、对人民的责任。吉斯林这个名字并不是外国名字,而是一个古老的北欧名字。我名字中的 Q 不是外来的拉丁文字母,而是历史悠久的如尼文字母。"

吉斯林希望他的国民大会党能够把各行业的挪威人团结在坚强的民族大家庭里。他一开始曾把国民大会党称作北欧觉醒党。"我们的党有别于其他党,我们是一个超越了党派的政党,是有组织的复兴,"他大声说,"在这个党内,农场主、工人和居民都能够找到为民族使命做贡献的工作。"在吉斯林的理想社会里,挪威人民的所有决定都由他领导的专制精英们做出,这些专制精英比他们自己更了解他们的需求。

皮埃尔·赖伐尔认为英国是新欧洲秩序的最终敌人,而吉斯林却迫切地希望德国能与英国和解。他担心一场血腥战争将给北欧种族造成不可挽回的损失,损害他的"大北欧和平联盟"的前景。但是英国的强硬改变了他的看法，他认为英国已经受了犹太血统的污染，无可救药。

吉斯林疯狂的反犹太主义在挪威极不合时宜，自1851年以来犹太人在挪威就享有充分的公民权利。到1940年，他们已经完全融入挪威社会，基本上很难把他们从其他人口中区分出来。

虽然吉斯林的信仰在挪威从来没有吸引过很多人，但是他拒不妥协。他的反犹太主义为他在纳粹高层赢得了强有力的支持。纳粹党的主要理论家阿尔弗雷德·罗森堡成了他的导师和支持者。是罗森堡1942年不顾第三帝国专员约瑟夫·特博文的坚决反对向希特勒说情委任吉斯林为首相的。但是吉斯林关于挪威是德国的一个独立伙伴的想法不适合希特勒的计划。虽然仍未明晰对挪威的管理方式，但是希特勒相信它会成为第三帝国的一部分。

在领导傀儡政权期间，吉斯林自觉地默许第三帝国迫害他的同胞，尤其是挪威犹太人。历史已经判定他是一个典型的通敌卖国者。事实上，他的年轻对手、警察部长乔纳斯·李发挥的坏作用更大，肮脏的勾当事实上都是由李干的。

李是一个顽固的纳粹分子，没有受吉斯林糊涂的理想主义和对种族理论的幻想影响。1934年，后来当上挪威帝国专员的特博文是埃森的地方长官，李是奉命到萨尔监督公民投票的国际联盟小组的头目，自此以后两

挪威法西斯分子维德孔·吉斯林在德国党卫队士兵及他自己的突击队员的保护下迈步走向奥斯陆议会大厦。1942年2月1日他在这里被委任为挪威的傀儡首相。

在旗手的护卫下，荷兰纳粹头目安东·米塞特身着墨索里尼式的黑衫在1941年阿姆斯特丹举行的荷兰国家社会主义运动党的年会上发表讲话。希特勒允许米塞特担任"荷兰人民的元首"，但事实证明，米塞特并无能力担此重任。

人一直是好朋友。占领开始后不久，李成了海因里希·希姆莱的被保护人，被送往巴尔干接受党卫队训练。1942年夏天他在挪威接管了德意志挪威党卫队，这是一个警察部门，他开始对同胞们实行恐怖统治。李对自己的部下也实行高压管理。有一次一位下属对一个命令提出异议，李逮捕了他及其470名同事，把他们送到了

德国的集中营。

战后，1945 年 5 月，李自杀了。吉斯林到最后还很顽固很不现实，企图与挪威抵抗运动的代表谈判权力的移交问题。几乎所有的挪威人都认为这个人是一个通敌卖国者，抵抗运动的代表没有答应他的投降条件，将他逮捕了。在流亡政府回到奥斯陆之后，吉斯林被押上了审判庭，被判犯有从挪用公款到卖国等一大串罪行。

由于挪威的民法里没有死刑规定，挪威政府就用军法审判了他。他被裁定有罪，并被判处死刑。然而为了处决他，挪威只好放弃了一条规定死刑只能在发生实际敌对情况时才量刑使用的条款。吉斯林给哈康七世国王写了一封信，抗议对他的审判违法，但拒不请求赦免。他读着《圣经》度过了生命的最后几个小时。1945 年 10 月 24 日，他被带到奥斯陆古老的阿克斯胡斯城堡，被蒙上眼睛后击毙。他的最后一个请求是与行刑队握一握手。

与吉斯林打交道的经历使希特勒接受了教训，认为外国同情者是危险的。当听说荷兰国家社会主义运动党领袖安东·米塞特在建设欧洲新秩序方面有自己的想法的时候，希特勒本来可以直接弃用他，但是他需要米塞特的政党填补官僚机构的职位，完成没收荷兰财产和落实绍克尔招工法等任务。在意识到米塞特不管受到什么样的待遇都不会抛弃德国奋斗目标的时候，希特勒拒绝了他关于创建大荷兰帝国并自任首席执行官的请求。希

荷兰法西斯分子罗斯特·范·托宁根在 1940 年举行的世俗婚礼中与一位项链上带法西斯标志的女追随者结婚。罗斯特·范·托宁根在荷兰纳粹式的国家社会主义党的地位上是安东·米塞特的对手。

特勒的理由是，如果米塞特是事实上的国家元首，为使荷兰德意志化而必须采取的不受欢迎的措施将损害米塞特在同胞中的权威。相反，希特勒把米塞特安插进荷兰的占领政府里面，让他担任第三帝国专员赛斯－英夸特的顾问。

米塞特想让元首接受战后荷兰独立的努力也失败了。希特勒拒不表态。在辩论当中，他把荷兰不愿意加入第三帝国与 1871 年德国的一些州不愿意加入俾斯麦的普鲁士帝国相提并论。希特勒称为了大德意志帝国的利益，他宁愿放弃自己出生地奥地利的独立。他希望米塞特也这样做。

正如特博文在挪威利用吉斯林的国民大会党一样，赛斯－英夸特利用米塞特的国家社会主义运动党管理荷兰，从意识形态的层面看，这样的安排比较容易让人接受。最终，荷兰一半以上的市长和70%的省级专员都由国家社会主义运动党党员担任，而荷兰的纳粹分子担任的大多是较次要的职务。

荷兰通敌卖国的人中更多的是努力争取承认和权力。在这些人中，赛斯－英夸特的宠儿并不是米塞特，他批评米塞特"主要是民族主义分子，不是国家社会主义分子"。他的宠儿是罗斯特·范·托宁根，国家社会主义运动党中激进派的领袖和米塞特的对手。罗斯特·范·托宁根得到了第三帝国专员的赞许，思想上"完美有余"，且"已经适应了德国理念"。罗斯特·范·托宁根与纳粹的教条保持一致，与米塞特不同的是，他鼓吹荷兰应该全面德意志化，包括引进德语、德国文化和德国机构。他对米塞特和民族主义只有嘲讽。在创建国家社会主义运动党时，米塞特唤起了荷兰人对过往辉煌历史的追忆，特别是17世纪黄金年代荷兰航海家在世界纵横来去，向国内带回了大量的财富。他把荷兰船员在从西班牙手中争取独立时常用的航海口号"Houzze（意为保持稳定）"定为正式的党内问候语。这种打造荷兰民族自豪感的努力不仅罗斯特·范·托宁根不赞同，德国统治者也不赞同。

在像罗斯特·范·托宁根这样强硬的纳粹分子的影响下，荷兰傀儡政府在纳粹统治者手里越来越俯首帖耳。赛斯－英夸特严禁犹太学生和教职员工出入大学校门，当莱顿大学因不服从而被关闭的时候，荷兰官员们默许了。荷兰纳粹分子让·冯·达姆，新的教育、科学和文化保护部部长下令全部课程德意志化，并逮捕了拒不合作的教师。1942年底，冯·达姆要求大学校长们给他一份7000名可以到德国工作的学生名单。除一名校长外，其他都拒绝了，德国人只好让冯·达姆放弃了这个计划。成千上万的国家社会主义运动党基层党员成了盖世太保的耳目。米塞特的国家社会主义运动党赞成宗教自由，并不赞成反犹太，但后来国家社会主义运动党员和荷兰警察与盖世太保和安全警察还是一起围剿了荷兰的犹太社区。

最后，正如其他地方的通敌者一样，荷兰最爱鼓吹与敌合作的人付出了最高的代价。解放后，米塞特和罗斯特·范·托宁根均被荷兰当局逮捕。米塞特被判犯有叛国罪，1946年5月7日在海牙被绞死。罗斯特·范·托宁根自杀，逃脱了审判。

丹麦最大的纳粹分子弗里茨·克劳森是石勒苏益格省的物理学家，是一位坚定的亲德分子。他在20世纪30年代创建的丹麦国家社会主义劳动党的结构完全照搬了希特勒的纳粹党，整个党章都是从德语逐字翻译过来的。克劳森的冲锋队像德国纳粹的冲锋队一样穿着黄褐衫制服，党歌几乎与德国纳粹党的党歌一模一样。

除了让希特勒承认自己是一个忠心耿耿的追随者之外，克劳森并无它求。他四处游说，希望能担任丹麦首相。一开始希特勒想用克劳森担任克里斯蒂安国王的继承人。但当希特勒意识到克劳森的政党太小，不受丹麦人欢迎之后，他便放弃了这个念头。

克劳森渴望成功，经常向第三帝国驻丹麦全权代表伦德·芬克呼吁要求分享权力，伦德·芬克认为他是一个讨厌的家伙，是摩擦的根源。克劳森发动了一场运动，动员富裕的丹麦地主和实业家与德国建立更亲密的关系，以期给他的德国主子留下印象。1942年他甚至发动了一场推翻丹麦占领政府的政变，派他的褐衫冲锋队员到哥本哈根大街上与警察一起殴打丹麦人。但令他生气的是希特勒仍然对他不理不睬。克劳森和他的西欧同伙们一样，落得一个万人唾弃的下场。1943年他放弃了对权力的追求，志愿参加纳粹党卫队。他在东部前线上不仅没有得到荣誉，最后还因酗酒住进了医院。他最后在一座丹麦监狱等候审判他的卖国罪行时因突发心脏病死亡。

在比利时有两个性格坚强的人，代表着两个主要的法西斯党派，它们均竭力争取希特勒的赏识并争取分享

由一个反法西斯派别散发的一种由硬纸板制作的玩具中，丹麦通敌卖国者弗里茨·克劳森被画成了一个蹦蹦跳的马屁精，四肢由德国人牵着。那袋咖啡上有犹太名字，表示克劳森还是犹太人的工具。他手里拿的调料表示他是这场战争的受益者。

占领政府官僚机构里的权力。佛兰芒民族联盟党的领袖斯塔夫·德·克莱尔曾当过教师，是比利时纳粹成员，他对纳粹理论十分热衷，他和他的追随者都争相许诺一定会成为理想的合作者。但是和他在欧洲其他地方的同行一样，德·克莱尔和他的继任者亨德里克·伊莱亚斯均因民族主义而在希特勒的眼里有了污点。德·克莱尔1942年自然死亡。和荷兰的米塞特一样，两人都幻想建立大荷兰，包括荷兰、比利时佛兰芒、法国佛兰芒、荷兰和比利时的殖民地。他们维护佛兰芒民族希望的决心很大，希特勒只好放弃了用佛兰芒民族联盟党成员帮助占领政权实现佛兰芒人德意志化的念头。

由于其强有力的领导人莱昂·德格雷尔的关系，事实证明代表讲法语的瓦龙人的纳粹组织雷克斯党对德国人更有价值。年轻且富有朝气的德格雷尔于1935年创建该党，迎合了瓦龙人的爱国热情、君主情感和宗教感情。（雷克斯的名字来源于拉丁文雷克斯国王。）雷克斯党主要得到了贵族、实业家和军队高层人士的支持，呼吁以纳粹为榜样，将佛兰芒人和瓦龙人合并成一个民族政党。但是德格雷尔第一次向德国占领军表示支持的时候，却受到了冷落。包括希姆莱在内的纳粹种族理论家都认为讲法语的瓦龙人在种族上不适于作合作伙伴。但是德格雷尔依然愿意组建瓦龙党卫队，与德国人在苏联前线并肩作战，这为他赢得了信任。而且他坚持认为瓦龙人有很深的德国根基，他和他的追随者们全心全意

征服者的铁蹄

1942 年比利时纳粹党领袖斯塔夫·德·克莱尔（插图）去世。当精心制作的灵柩经过布鲁塞尔政府大厦时，佛兰芒民族联盟党的追随者们列队忠诚地向他致纳粹礼。

支持希特勒统一大德意志的努力。

1943 年春，希姆莱视察德格雷尔的部队，此时德格雷尔的部队作为德国志愿兵团已经成为纳粹党卫队的一部分。一开始，希姆莱对德格雷尔仍持怀疑态度，但离开时，这位年轻瓦龙人的纳粹热情已经给他留下了深刻的印象。纳粹国防军在东线的损伤越来越大，急需新的战斗人员，因此希特勒和希姆莱两人的种族理论都已不再那么严格。希特勒称德格雷尔的志愿兵"基本上是日耳曼人的复兴运动"。元首认定瓦龙人和佛兰芒人已为"精心设计的未来统一进程"做好了准备。

在最初志愿与苏联军队交战的 850 名瓦龙人中，包括德格雷尔在内只有 3 人生存了下来。但希特勒从没有赏给德格雷尔一个政治职务。虽然也有雷克斯党和佛兰芒民族联盟党成员在亚历山大·冯·法尔肯豪森将军领导的占领政府里工作，但比利时法西斯分子被认为给纳粹国防军服役的用途最大。

战后德格雷尔逃到了西班牙。一个比利时高等法院缺席判他犯有叛国罪，判处他死刑，但是他逃避了法律的惩罚。战后几十年，德格雷尔对他与德国人的合作仍不思悔改。1973 年在接受荷兰记者采访时，他称希特勒是他那个时代最伟大的政治家，并补充说："我唯一遗憾的是我没有成功，如果我有机会，我会从头再来——以更强有力的方式。"

法国有许多人瞧不上维希的通敌合作，他们或许手

段路径有所不同，但无一例外都希望利用德国的入侵推行个人的野心。法国两个最大的法西斯政党的领导人马塞尔·德亚和雅克·多里奥一开始都是左翼分子：多里奥是共产党员，德亚则是社会主义者。。

多里奥生于一个工人阶级家庭，当过金属加工学徒，高个子，身体强壮，很有魅力，有在公众场合演讲的天赋。1923年他被法国共产党选派到莫斯科学习共产运动组织工作，这是他政治生涯的开始。1924年他赢得了法国下院代表的席位，后来还当选为巴黎郊区圣丹尼的市长。他的追随者称他是红衣王储。之后，由于违反共产第三国际的指令，支持法国的社会主义共产阵线，他在党内失宠，被开除出党。1936年他成立了自己的右翼政党——法国人民党，并开始用狂热的反共产主义、资本主义和犹太讲演把大批的人群吸引到夜晚赛车场和巴黎的其他集会场所。到1937年3月，法国人民党有了自己的党旗、党歌和纳粹式的敬礼，并有了13万名党员。

多里奥的新组织引起了纳粹高层的注意。但是正如他在其他地方所做的那样，希特勒只想利用这些法国法西斯分子来达到自己的目的，但在占领政府和将来的欧洲新秩序形成后不给他们任何重要的职位。德国人没有给多里奥权力位置，也没向他组建的准军事力量提供武器。但是在迫使维希政府满足他们的要求时，他们愿意偶尔利用一下多里奥的援助。1941年秋天，多里奥帮助德亚招募了法国反布尔什维克志愿兵团到苏联前线服役，并亲自在那里战斗了 18 个月。他还与盖世太保合作镇压法国抵抗者。但最后这些都毫无意义，1945 年 2 月多里奥在德国门根附近的一次空袭中死亡。

马塞尔·德亚是法国另一个亲纳粹政党的头目，他与多里奥不同。他是一个知识分子，26 岁就当上了巴黎著名的高等师范大学的哲学教授。1926 年，他在国会下院赢得了一个社会主义党的席位，但他的政治思想逐渐地转向了右倾。德亚开始相信实现社会公正的唯一办法是通过法西斯独裁：法国需要的是一个像希特勒一样的强人。当然法国不需要与德国人打仗，这是在德国人逼波兰交出波罗的海港口城市但泽时德亚发表的题为《为但泽而死？》的文章中阐明的观点。在纳粹国防军占领法国后不久，德亚组建了自己的政党——人民联盟，领导人民"通往法西斯主义"。和其他国家的法西斯分子一样，德亚希望自己的合作努力能为自己在战后取代维希法国政府的法国纳粹政府里赢得一个关键职位。他特别想当领袖，他的一个敌人写道："如果不能在法国当领袖，他也会在德国当领袖。"

贝当委任德亚担任维希政府的劳动部长，允许他与雅克·多里奥一起组建法国反布尔什维克志愿兵团。就像德国人十分轻视德亚和多里奥一样，纳粹国防军对两位法国法西斯召集的外籍军团也不十分尊重。在法国反布尔什维克志愿兵团初步招募的 13400 人中，德国医生只批准了 3000 名适合服役。其他人因诸如牙齿不好、

后备党卫队的服装

在接纳非德国的党卫队之后，纳粹党卫队军官们就在考虑成千上万新兵的服装问题。他们穿着从便服到准军事制服等各式各样的衣服参战。需要标准服装，但是纳粹从理论上必须把外国兵和本质"优秀的"德国兵区分开来。允许每个外国部队穿本国军服可以标明它不是德国的。但这样做在战场上会引起混乱，按照国际法，盟军可以处决身穿其他德国敌对国军服的被俘党卫队士兵。解决办法是发放统一的饰有国家标记的党卫队军装。

虽然非德国兵也可以和德国军人得到同样的勋章，但是有的合作政权为与纳粹并肩作战的本国公民制作了有特殊军事标饰的勋章。维德孔·吉斯林的挪威政府在勋章上加上了北欧武士的标饰（上）。在荷兰，安东·米塞特为勇敢者设计了自己的奖章，米塞特十字勋章（下）。虽然大多数外国党卫队为在体育和军事演练中表现突出的人都设计了自己的奖章，但是1943年纳粹用德国的水平奖章全部取代了（中）。

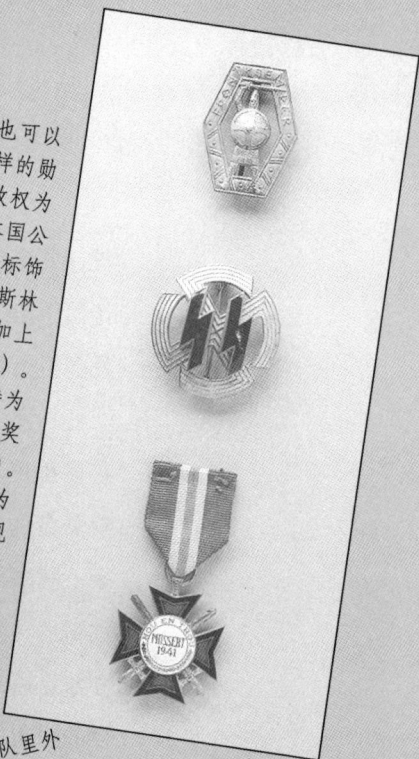

左下臂徽为了区分各自的国籍，多数纳粹党卫队里外国分队的非德国兵都戴着标有本国和地区色彩和标记的盾形臂徽（下）。从左往右依次是丹麦、挪威、荷兰、法国、比利时北部讲荷兰语的佛兰芒和比利时南部讲法语的瓦龙臂徽。

外国党卫队通常在士兵的左衣袖的袖标上标志出国家名称和执行任务的地区，以区别各自的部队。这件军服是挪威和丹麦志愿兵团里的一个炮兵连少尉的。左上衣口袋别的是一个铁十字勋章和受伤标记。

1944年，莱昂·德格雷尔在一双儿女的陪同下，以战斗英雄的身份在布鲁塞尔参加法西斯集会。

静脉曲张和视力不佳等不痛不痒的原因被拒绝了。到1943年5月一共只招募了6400士兵。当外籍军团到达波兰的训练营时，他们被要求宣誓效忠希特勒，被迫将法国军装换成了德国的灰制服。

法国还有其他积极的通敌合作者，其中许多是受纳粹思想所蛊惑和贪欲所驱动的。这些人当中最投机的是高个子、英俊潇洒、温文尔雅的让·吕谢尔，他办了一份报纸《我们的时代》。为了赚钱，吕谢尔什么都印。在20世纪30年代，德国人经常给他钱让他刊登宣传文章，《我们的时代》充满了削弱法国人抵抗意志的长篇大论。在占领期间，该报为希特勒倡导的欧洲新秩序大唱赞歌，吕谢尔本人也因此成了一个腰缠万贯的富翁。

比吕谢尔还坏的是亨利·张伯伦，一个身材魁梧、蓄着胡子的人，说话声音又尖又高，他化名亨利·拉丰。拉丰出生在巴黎的贫民区，但当职业犯罪分子发家致富了。1940年德国军队涌进法国的时候他还在监狱里，他利用战争时期的混乱逃出了监狱。

1945年2月，莱昂·德格雷尔率领他的瓦龙党卫队志愿兵撤退，在东部战线的泥泞路上艰难前进。瓦龙志愿兵是他在德国入侵苏联后组建的。

回到巴黎后，拉丰找到了为德国情报人员买肉和蔬菜的工作，有的时候他用武力抢购，有的时候就干脆去偷。法国警察想把他送回他应该待的监狱，但德国人为他提供了掩护。在发现了他残忍的本性之后，德国人派他执行一项更加艰巨的任务，搜捕比利时抵抗运动领导人兰布雷希特，据称他躲在维希地区。

拉丰在图卢兹追查到了兰布雷希特的踪迹。他突袭了这位比利时人的房间，逼他缴械，把他押上了等在外

1941 年 7 月，新的应召者在法国人民党办公室签名，墙上挂的是很有煽动能力的法国人民党领袖雅克·多里奥的画像。法国人民党是法国最大的法西斯政党，战争爆发时有 13 万名党员。

面的卡车，送往波尔多的盖世太保总部。在那里，拉丰
帮助德国人审讯兰布雷希特，从他的嘴里逼出了关于其
抵抗运动组织的信息，逮捕了 600 多名该组织的成员。
拉丰的业绩为他赢得了升迁的机会。1941 年初，他被
安置在劳里斯顿街 93 号的盖世太保分部里，这是巴黎
富人区的一所豪华公寓。他从这里招募了一小撮无恶不
作的同流，装扮成德国警察，以逮捕相威胁，从巴黎富
人手里夺取钱财。拉丰和他的手下恐吓他们的受害者交
出他们手里仅有的一点财富，就这样他成了巴黎社会的

巴黎记者和出版
商让·吕谢尔在印刷
品中宣传亲纳粹的观
点，作为交换，他从
德国占领者手中收到
了慷慨的报酬。吕谢
尔用这些资金来支持
奢侈的生活方式。

名人，经常参加赛车活动，并举办豪华舞会。

但是拉丰更大的特长是渗透进抵抗运动的网络里。几年时间里他出卖并杀害了成百上千的同胞。如果执行任务的过程中遇到

盖世太保法国分部的头目亨里·拉丰(左)，战后与前警督皮埃尔·伯尼（戴眼镜者）一起接受审判。伯尼曾帮助拉丰组织了针对犹太人和法国抵抗者的残酷清剿运动。

躲藏的犹太人，他也会把他们交给盖世太保。拉丰极其残忍，许多法国爱国人士认为他比盖世太保还危险可怕。

解放后，拉丰在巴黎东郊的一个农场上被捕。他的同伙当中有的人逃掉了，但他和他的一些最亲密伙伴在1944年12月接受了审判，并被行刑队执行枪决。但是拉丰一伙只代表了一小部分愿意暗中监视同胞的法国帮凶。据德国的记录，占领期间约有32000法国间谍为德国的盖世太保工作。他们中的大多数人逃过了法律的惩罚，融入了战后的人群当中。

在西欧各种各样的通敌合作者当中，最具悲剧色彩也最无害的当属犹太人理事会。犹太人理事会是由志愿代表犹太社会与纳粹打交道的犹太领导人组成的特殊社团。德国首先在第三帝国内部使用这种制度，后来在附

属国及东欧被占领土上也构建并推行这种制度，最后在比利时、法国和荷兰把这种制度用于毁灭性的目的。一些最著名的犹太领导人在通敌合作时还以为他们能保护犹太人，至少让少数犹太人的生活不要太艰难。理事会领导人们认为，他们这样做是在可怕的危急时刻竭尽所能维护犹太社会的生活。理事会的任务包括管理犹太银行账户、签发旅行和安置许可证、发放食品，提供医疗服务。在荷兰，理事会还发行了一份报纸《犹太周刊》，刊登故事、社论、广告、结婚和出生告示。它也刊登德国政府交代发表的指南和恐吓言论。

荷兰理事会为德国做文案工作，登记犹太人的姓名和住址，并随时更新。这种残忍的制度帮助德国人掩盖了他们的真实目的。德国命令由理事会传达，这使他们有了用其他办法得不到的合法性。许多犹太人在被驱逐的时候被告知是去东欧的劳动营，而不是去死亡集中营，他们信以为真。理事会甚至传达放逐令，帮助德国人围堵被放逐的犹太人。到头来理事会被迫放逐自己的雇员。最后理事会的许多领导人向东行进，也到了死亡集中营。在 1941 年注册登记的 14 万荷兰犹太人当中，有 11 万被放逐。差不多 5000 人死在集中营里。

　　阿姆斯特丹犹太人理事会是一个纳粹创建的组织，主要由市里旧犹太社区内的著名学者和商人组成。图为 1942 年 11 月他们在开会讨论政策。

为第三帝国卖命的外籍军团

　　1940年夏天，经过多年与纳粹国防军争夺德国年轻男性的较量之后，党卫队头目海因里希·希姆莱把目光转向了新占领的挪威、丹麦、荷兰和比利时，为他的党卫队招募新兵。对希姆莱而言，这些北欧志愿兵不仅可以填补人力上的空缺，还可以成为一支种族优秀的军队的一部分，为建立非犹太民族的纯白种人的欧洲打下基础。在招兵努力中，希姆莱迎合人们的民族热情，答应外国志愿兵可以与他们的同胞一起组建代表被占国家的党卫队。他没有强调的是德国党卫队军官将指挥军团，也没有强调要执行德国党卫队的规定。

　　希姆莱的邀请并没有受到热烈欢迎。被占国的大多数适龄青年男子感觉自己与党卫队在理念上并没有什么关系。在报名参加的人中，大多数人是出于务实的目的。对陷于经济艰难时期的人们来说，纳粹提供了伸手可及的援助：既有美味的食品、整洁的服装，也有冒险的刺激；而且党卫队答应战争结束时为他们在政府里安排工作，分给他们土地，似乎保证将来的生活是光明的。

　　尽管有这些诱惑，招兵工作仍然比预期的要慢得多。只是在1941年7月德国入侵苏联后这项工作才加快了速度。憎恨希特勒的欧洲人发现自己必须找一种办法打击更大的威胁——苏联人。为了利用这种恐惧，希姆莱编造了外籍军团、各国部队可以独立于纳粹党卫队的诺言。成千上万的人响应号召。但是各国部队这一概念没过多长时间就破灭了。虽然一些新兵是由本国同胞训练和领导的，但到了1943年党卫队撕下了允许独立的假面具，解散了兵团，把志愿兵派往德国和外国的党卫队部队。大多数非德国的军队规模小、装备差，在东线的战场上被消灭光了。

SAMME SLAGS BLOD
KJEMPER I FELLESSKAP
MOT SAMME FIENDE
FRIVILLIGE FRA TYSKLAND NORGE DANMARK NEDERLAND FLANDERN
MELDER SIG TIL WAFFEN-SS

宣称"同样血统的人共同打击同样的敌人"，上
面这张招贴画敦促挪威人、丹麦人、荷兰人和佛兰芒人加入纳
粹党卫队。外国志愿兵都戴着袖标（左），上面有部队的名称。

挪威的
纳粹士兵

1940 年 6 月，党卫队开始在奥斯陆为北欧团招兵，这是一个由挪威人和丹麦人组成的部队。希姆莱把参加的人编入其他两个团：一个德国团，一个由荷兰人或佛兰芒人组成的韦斯特兰团。1941 年德国入侵苏联的时候，这个名为维京师的新建部队被派往乌克兰。

为了吸引更多的战斗人员，希姆莱创建了一个挪威团。关于它将被派去保护挪威的长期盟国芬兰的传言大大提高了这个团的地位。1943 年 3 月，在列宁格勒打了仅一年仗之后，这个师与维京师以及其他 4 个外籍军团，于 1944 年 7 月奉命在爱沙尼亚纳尔瓦狙击苏军的反攻，但未能成功，损失惨重，很快他们又跌跌撞撞地开赴东线参加了更加艰苦的战斗。1945 年战争结束时，北欧师是最后保护柏林的部队之一，维京师在萨尔茨堡附近投降。

1942 年在奥斯陆，一个主要由前警察组成的挪威党卫队部队在开赴列宁格勒之前自豪地展示他们的军旗（右）。1944 年在列宁格勒北部的冰天雪地里，厌战的挪威兵躲在掩体里围着一堆小火取暖和煮咖啡（插图）。

1942 年 9 月，德国部队保护在
哥本哈根城内行进的丹麦自由队。

1944 年 4 月，党
卫队北欧师的丹麦团士
兵沿着纳尔瓦河的工事
跋涉。

丹麦的
自由军团

党卫队招兵张贴画把1944年的纳尔瓦冲突与1219年的丹麦人大捷相提并论,迎合了丹麦人的自豪感。

从1940年4月党卫队抵达丹麦到第二年的2月,只有200名丹麦人报名参加了北欧团。但是,希特勒入侵苏联后,丹麦政府组建了一个团,自吹说到1941年底已经招募了1000多人。这支部队从一开始就受纳粹党卫队的指挥,但这个事实一直被隐瞒了。该团的名称是丹麦自由军团,是一个由德语和丹麦语组合成的词汇。在东线打了一年仗之后,该部队1943年被撤销主动进攻的任务,编入党卫队丹麦团。作为北欧师的一部分,这些丹麦人参加了1944年的纳尔瓦之战。

1941 年 10 月，荷兰党卫队志愿兵在海牙宣誓效忠希特勒。纳粹从荷兰各种各样的右翼政治组织和准军事组织里招募了许多新兵。（左上）

1943 年 4 月，荷兰党卫队把一门大炮拖入列宁格勒的阵地。荷兰向纳粹党卫队提供的志愿兵数量相当于所有其他北欧国家提供的志愿兵数量的总和。

在纳粹党卫队里的荷兰人

1940年当纳粹占领低地国家的时候,有1000名荷兰人和佛兰芒人报名参加了新的纳粹党卫队韦斯特兰团。纳粹对这一热烈反响印象很深,后来又组建了第二个团——西北欧团。在入侵苏联后,党卫队将韦斯特兰团并入了在乌克兰的维京师。西北欧团里的大多数荷兰新兵被派到刚组建的荷兰志愿兵团。这支部队大部分时间在苏联北方作战,但在战争的最后阶段被调到南方。作为党卫队第23荷兰装甲掷弹兵师,于1945年5月投降。

1942 年 7 月，身着鲜艳黑制服的黑色旅在布鲁塞尔接受训话。这个由佛兰芒右翼游击队组建的黑色旅向党卫队提供了大量的人力（上）。一位佛兰芒兵（左）形容憔悴，满脸污垢，展示了 1942 年列宁格勒坑道战留下的印记。

比利时团

在比利时，党卫队认为讲法语的瓦龙人是劣等民族，为韦斯特兰团和西北欧团招募了1200名佛兰芒兵。后来希姆莱在西北部的佛兰芒组建了佛兰芒自由团。1941年11月，该团被派往前线，在1943年5月从前线上撤下来之前它屡遭重创。在得到增援后，佛兰芒人作为党卫队第六志愿兵攻击旅在12月又回到了前线。这个比利时旅与1943年获准参战的瓦龙人一起于1945年4月19日被苏联红军在波美拉尼亚附近歼灭。

3. 抵抗的脉搏

丹麦发生的事情令德国人不解。丹麦投降后不久,战败的丹麦人突然之间唱起了歌。一开始只有一部分人唱歌。在乡下的日德兰镇,有一位面包店店主和一位学校老师想邀请一些朋友和邻居在其中一个人的家里举办一次赛歌会。消息不胫而走,来的人太多只好站在室外。他们的歌声传遍了整个街道,通俗歌曲声、优美的圣歌声和赞美诗的声音在空中回响。在此后的几周里,越来越多的丹麦人唱起了歌,直到 9 月的一个星期天,法国溃败,希特勒的部队在巴黎大街上迈着正步行军,15 万丹麦人聚集在哥本哈根的一个公园放声高唱,还有成千上万的丹麦人在全国上下的城镇放声歌唱。在这个 9 月夜晚,共有 200 万丹麦人,约占丹麦人口总数的 2/3 参加了歌唱。

占领者和通敌合作者都很聪明,没有干预。此时德国人当然理解了唱歌的意义。这是占领者遇到的许多姿态中的一种:一种微妙的抵抗,是对民族特征的重新确认,是自豪和自我的表露,是抱有希望和不可灭绝的人文精神的展示。但此时德国仍然把丹麦当作是"模范保护国",希望西欧的其他国家能够承认德国的领主地位,服从德国的要求。

1944 年 6 月 2 日,被俘的法国抵抗游击队战士在德国支持的法国法西斯民兵的枪口下行进。在抵抗运动进行的岁月里,因被出卖而牺牲的游击队员比在战场上牺牲的游击队战士要多得多。

在这方面他们是大错而特错了。几乎从投降那一刻起，民间的抵抗就开始了。在盟军的支持下，随着德国军事运气的衰退，它变得越来越重要。一开始民间抵抗很弱，基本上是象征性的。但后来它越来越勇敢，采取了工人罢工和大量开展地下印刷的形式。同时，抵抗成员的网络集中精力帮助一些逃亡者躲开德国的搜捕。最后，出现了大量的间谍和破坏活动。在战争后期，国民自卫队的抵抗事实上集中了成千上万的人，有时还与纳粹国防军进行正面激战。

德国的回击是加强了反抵抗对策，这种对策既复杂、彻底又残酷无情。由安全方面经验丰富的人指挥，它主要依赖通风报信者、突然袭击、先进的技术和典型的警察监视等方式。安全部队强制实行宵禁，审查邮件，禁止游行和街头示威，严禁各类集会活动，清洗当地报纸和电台的工作人员。与此同时，德国人渗透并控制了学校、工会、医疗和法律部门、教堂和民间团体。

反抵抗运动开始时是劝导和舆论宣传，但失败后德国人只好依靠第三帝国全体安全力量这个复杂的工具：陆军的军事情报局，即阿勃维尔和党卫队的两个分支机构——秘密警察，即盖世太保以及帝国保安部。除此之外，还有秩序警察，一种准军事部队，负责逮捕、袭击群众、放逐、破坏罢工或执行枪决。德国人组建了全部由这种警察组成的"袋鼠法庭"，即不公正的私设法庭，他们担任检察官、法官、旁听者、陪审团，甚至担任被告的发言人。最后，为了维持日常秩序，德国人依靠现成的当地警察，并对他们进行监督。

虽然这些措施很有效，但是德国仍然没有足够的办法控制 37.5 万平方英里的区域和 700 多万的人口。因此随着抵抗运动逐渐强硬，占领者只好求助于恐怖手段，旨在把抵抗的代价提高，这样使被占领的人民觉得代价太大而不愿意付出。恐怖手段夺去了数万甚至数十万人的生命。谁也不知道确切数字。但是时间一长，恐怖手段只能激励它打算消灭的抵抗烈焰，到盟军进攻时西欧的抵抗运动比以前更加强大。

占领开始时，被占领的人民用各种方式表达他们的决心。在荷兰，等在街角的男人在交通灯变成橘黄色的时候会脱掉帽子，保持立正姿势，这是对荷兰王室和流亡的女王默默地表示敬意。

据说康乃馨是挪威国王哈康七世最喜欢的花，所以在 8 月 13 日他诞辰这天，全国各地数以千计的挪威人会手捧康乃馨并在

在一位丹麦警察尽职地逮捕一位戴着英国皇家空军圆形标记和颜色的帽子的妇女时，一位德国党卫队士兵得意地在一边看着。人们戴红、白和蓝色帽子，象征性地支持盟军，但1943 年丹麦禁止戴这种帽子。

111

墙上刻下"H7"（哈康七世的缩写）。忠诚的丹麦人戴的证章上饰着克里斯蒂安国王的花押字母，用白银和彩釉做成，翻领针饰成SDU三个字母，是丹麦语"把他们赶出去"第一个字母的缩写，十几岁的孩子在哥本哈根的大街上分发《十诫》的释意（不能与纳粹做生意等）。在整个被占领的欧洲，人们固执地按照自己国家的颜色摆放花坛，戴着类似国旗色彩的帽子，穿着类似国旗色彩的衣服。同时，他们还以无声的方式表达着对德国人的蔑视：他们刻意等到德国新闻片放完才肯走进电影院，拒绝直视德国兵，即使德语讲得非常流利也假装一句德语都听不懂。

德国人大部分时间对这种早期的污辱和挑衅不屑一顾。但他们偶尔也反击一下。在奥斯陆，公交车站的站牌上标明"因发现一个德国兵坐在旁边而更换座位"是一种敌对行为。荷兰人在他们国家投降7周后第一次组织象征性的抵抗活动时就尝到了德国人的愤怒。德国人禁止他们唱国歌和展示国家的颜色。但是人们不顾这两项禁令，在伯恩哈德王子生日那天走向海牙的皇宫签名登记。为了教训荷兰人，德国人逮捕了荷兰前军队总司令温克尔曼将军，并把他送往集中营。法国的遭遇最清晰地勾画出了抵抗运动的前景。1940年11月11日，1000名学生沿香榭丽舍大道行进，高唱《马赛曲》庆祝休战日和德国在第一次世界大战的投降。德国人被激怒了。90名学生被逮捕，一位工程师因完全无关的原德国抵抗英雄赫尔穆特·冯·毛奇带着这个护照到奥斯陆解救主教埃温德·贝格拉夫。1945年1月因叛国罪被处决之前，毛奇写道："自从国家社会主义党上台以来，我就一直在努力缓和对它的牺牲品造成的伤害，并准备改变的办法。"

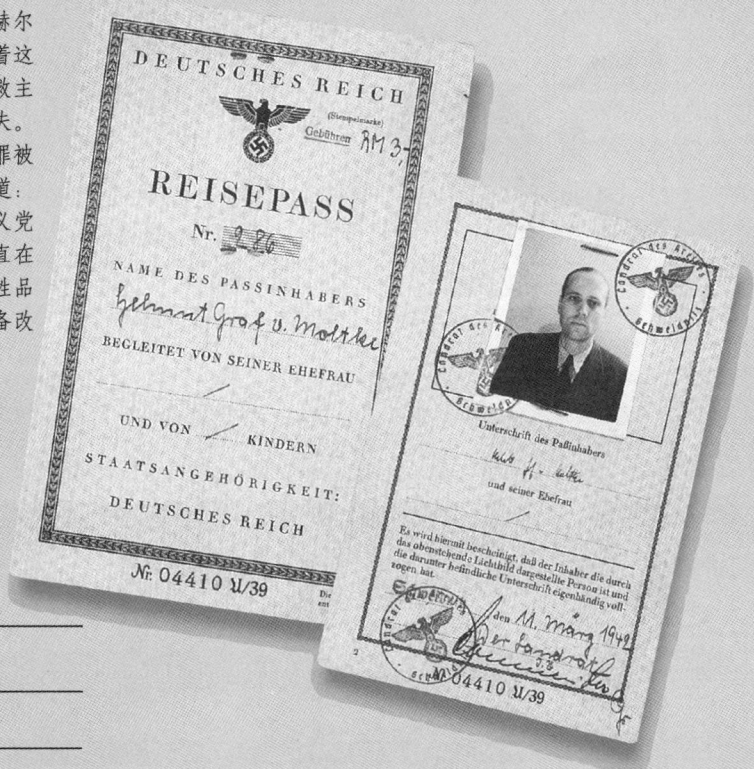

DEUTSCHES REICH

REISEPASS

Nr.

NAME DES PASSINHABERS

BEGLEITET VON SEINER EHEFRAU

UND VON   KINDERN

STAATSANGEHÖRIGKEIT:

DEUTSCHES REICH

Nr: 04410 U/39

纳粹国防军
的秘密善举

1942年4月8日，由总理维德孔·吉斯林领导的挪威傀儡政权镇压了国内拒不合作的神职人员，逮捕了他们的领袖埃温德·贝格拉夫主教。他是挪威路德教的首席主教，挪威抵抗运动的主要人物。吉斯林想通过一个"袋鼠法庭"判处贝格拉夫死刑，但是他的计划意想不到地被德国人阻挠了。

这个大转折是由西奥多·施特尔策中校引起的。施特尔策57岁，是一位参加过第一次世界大战的老兵，也是尼古拉斯·冯·法尔肯霍斯特领导的占领军司令部的参谋。他的军队同行们不了解的是，施特尔策还是德国一个以赫尔穆特·詹姆斯·冯·毛奇伯爵为中心的反希特勒组织的成员。毛奇是阿勃维尔的法律顾问。

自从1940年到达奥斯陆之后，施特尔策一直与挪威地下组织保持着联系。他传递盖世太保即将采取行动的消息，利用自己的影响减轻对挪威政治犯的量刑，帮助犹太人和其他处境危险的挪威人出逃。

在主教被捕当天，施特尔策即电告柏林的毛奇。毛奇向他的直接上司海军上将威廉·卡纳里斯求助。卡纳里斯是阿勃维尔的局长，也是秘密反希特勒组织的成员。

卡纳里斯安排毛奇前往奥斯陆。在那里他和施特尔策一起据理力争，称惩罚挪威著名的神职人员只会引起当地人民的不安，因此不符合"国防军的最大利益"。他们想方设法劝说占领当局取消了有关程序，从监狱里释放了贝格拉夫主教。虽然在战争结束前贝格拉夫主教一直被软禁在奥斯陆，但是富有同情心的挪威警察对他的看押很宽松。他乔装打扮后可以溜出去定期参加市内的抵抗运动会议。

113

战后，挪威人非常尊敬西奥多·施特尔策中校（上），把他作为向复位的哈康七世国王介绍的第一个德国人。从监狱获释之后，埃温德·贝格拉夫主教穿着神职人员服装（下），在警察的监视下修理花园（右上），他乔扮成各种模样，躲过软禁。他扮成一名奥斯陆警察，穿着便衣，戴着眼镜，留着假胡须（右下）。

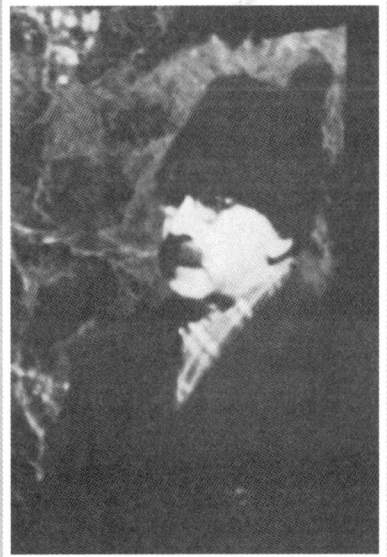

因被关进监狱——作为杀一儆百的措施。

特别让德国人生气的是在他们希望控制的专业团体当中出现了越来越多的抵抗迹象。当占领者准备在荷兰医疗协会的关键位置上安插自己的人企图控制医疗行业的时候，荷兰人把德国人惹怒了。协会会员医生的反应是辞职，组建自己的秘密协会——医疗联络会。德国人建立官方的国家医疗联合会并坚持让所有的荷兰医生参加的时候，6000多荷兰医生宣布自己不再从事医疗行业。后来360名医生遭到逮捕，其他人只能转入地下组织当中。

德国企图控制教堂、工会和教育系统的努力遇到了同样的下场。挪威宗教界与纳粹傀儡维德孔·吉斯林的冲突不断升级，面对宗教界的对抗，吉斯林束手无策。纳粹希望赢得宗教界的支持，争取宗教界加入"对抗布尔什维克的行列"，1942年2月1日吉斯林掌权之后，一位支持德国的挪威神职人员在特隆赫姆教堂举行一次特别的庆祝布道，结果没一个人参加，大家都等着下午由教长主持的例行礼拜，后来他们先是挤在教堂里，后来又不顾警察的禁令，蜂拥到教堂外面在寒风中唱起了《上帝是我们的避难地》。教长立即被罢免了，为表示抗议，所有的主教和几乎所有的牧师都提出了辞呈。神职人员们继续在小规模的私人聚会中发挥着自己的作用，但教堂的布道坛和长椅子却是空空荡荡的，直到战争结束。在此期间挪威再也没有正式的教堂礼拜。

纳粹在每个被占领的国家都遇到了同样的对抗，教堂全力抗议反犹太措施、强制劳动、随意逮捕和其他残忍的统治方式。纳粹逮捕了上千名荷兰新教和罗马天主教的神职人员，其中 92 人被处死，但教堂并没有就此屈服，他们明令禁止教徒加入荷兰纳粹党，拒绝为纳粹党员举行洗礼等仪式。同样的，在法国，逮捕牧师等手段无法阻止天主教会向抵抗者靠拢。对于持不同政见的教师和学生，纳粹从一开始就采取更加强硬的措施，他们将学校视为抵抗运动的温床。在比利时、荷兰和法国，顽强的大学因"反德活动"被关闭了，通常只不过是拒绝宣誓效忠第三帝国，教师和学生被送去参加强制劳动。当挪威教师拒绝参加一个德国发起的工会时，当局把 1000 名抗议者送往集中营，另有 500 人被送上一艘严重超载的汽艇运往大北方的劳动营。希特勒听说这艘艇上的德国船员给教师发了救生衣之后叹息说这是"他妈的德国优秀品质"。他嘲讽说教师们应该"很愿意被可爱的英国人用鱼雷击沉，葬身海底"。

但是当局至少从一开始对工会还比较和善。德国人以及德国国内土生土长的纳粹追随者认为工人运动是向广大民众传播德国政治思想的最好舞台。结果荷兰共产党和非共产党工会在一开始就都自动解散了，没有屈从于德国的控制。占领部队因担心发生大罢工放弃了他们的大部分要求。

但罢工还是发生了，而且持续不断，形式多样，组

织有序。罢工被证明是抵抗
运动最成功的心理武器。难
以计数的工人参加过罢工，
表明抵抗是可能的，也鼓励
了其他形式的暴动。德国镇
压罢工的努力只取得过阶段
性的成功。

1941 年初在鹿特丹发生
了荷兰针对德国统治的第一
次大罢工。为了反对荷兰纳
粹当局对市内犹太人的敌对行为，人们走出办公大楼和
工厂，使公共交通陷入停滞。德国人向游行者开了枪，
打死了其中的 11 人；4 位罢工领头人被处以极刑，有
1000 名罢工者被捕并遭驱逐。

"让我们希望他们仍然相信圣诞老人，海因里希。"荷兰地下报纸《地下》上的一幅卡通画上的戈培尔对希姆莱说。这幅卡通画讽刺德国人徒劳无功地把希特勒标榜成一个仁慈的领袖。

尽管这样炫耀武力使鹿特丹暂时不会出现更多的示
威，但在国内其他地方罢工照旧出现。1943 年，德国
命令所有前荷兰士兵必须前往德国接受培训的时候，亨
厄洛工业城的工人停止了工作。他们的行动很快传遍全
国，不久荷兰的大部分产业都瘫痪了。矿工拒绝下矿井；
农场主不运牛奶和农产品。德国人逮捕了数以百计的罢
工者，为了达到最大的恐吓效果，经常在工厂和制造厂
内设立法庭，审理轻罪并进行审判。10 天之内他们判
刑并处决了 80 位罢工领导人。罢工被镇压了，但德国
人此时终于明白他们永远也无法赢得荷兰人民。

法国、比利时、挪威和丹麦工业区的罢工传递着同样明确无误的信息。1943 年，丹麦的阿尔堡全城停业，抗议一件与抵抗运动有关的事件。在市外，德国警察突然袭击了一些在等候英国空降武器的丹麦人。他们枪杀了其中的一个人，一位年轻的银行职员，在他的葬礼那天，一万人无视严禁公众集会的命令出现在他的墓地。警察和悼念者发生了冲突，在随后发生的抗议活动中，又有 4 人被杀。全城举行了罢工，几小时之内罢工遍及全国，迫使德国人对丹麦人实行军事管制。柏林曾希望把丹麦建设成"模范保护国"，但这一刻，这个愿景破灭了。

荷兰抵抗组织成员正在印传单。在战争结束后，荷兰的非法地下刊物约有 350 种，它们为抵抗德国的暴行起到了极大的激励作用。

虽然作为一种抵抗武器，罢工从来没有严重威胁到德国人，但它毫无疑问增强了人们的抵抗意志。但是罢工可能是把双刃剑。长时间的罢工虽能伤及德国人，但同时也会严重影响平民百姓的生产生活，从而削弱了对抵抗运动的支持。比如，1944 年荷兰举行了铁路大罢工,减缓了向德国运送物资的速度,但是德国人的报复办法是签发进口食品的禁运令,使荷兰严峻的"饥饿之冬"更糟糕。战争后期,德国人实际上利用了罢工,他们散发假的罢工号召,印上工会领导人的假签名,从而为他们更加残忍的镇压提供了借口。

地下印刷品推动了罢工和民间其他形式的抵抗。几乎从投降那一刻开始,就出现了秘密印刷品、传单和书籍,为人们提供信息,劝告他们组织起来进行抵抗,并为他们提供行动的建议。最早和最著名的传单之一是由法国记者让·特西尔执笔的,1940年8月德国获胜后不久在巴黎出现的。特西尔的《致被占领者的忠告》罗列了33条讽刺性的评论和忠告。第8条是:"占领你们以后,他们就在你们的耻辱面前举行阅兵式。你们会等着看吗?不如去看一看商店的橱窗展览品。因为以他们装卡车的速度,很快就剩不下什么可以买的东西了。"第30条是"因为他们逼你们在晚上11点前要回到家里你们就有怨气。太单纯了。你们难道不明白这是要让你们回家专心收听英语广播吗?"特西尔后来当上了1940年12月首次在巴黎出现的《解放》报的编辑,这是最著名的也是发行最广的地下报纸之一。

许多地下消息起源于写给朋友请朋友誊抄一份然后传下去的"雪球信"。这种原始的新闻信很快就被更高效的方式取代了,由专业人士撰稿和编辑,由信使冒着很大的个人风险散发。记者们在教堂、阁楼、地窖、加油站、工厂、洗衣店里工作，甚至在索邦神学院又大又深的地窖里工作。一个很有魄力的荷兰出版商甚至在一个掏空的干草垛里建立了印刷厂。散发报纸的青年男女把报纸藏在大堆的商品底下，有的藏在购物袋或手提箱的底下，在教堂入口处、商场入口处和地铁出站口散发。

占领期间，在西欧总共约有3500种地下报纸出版发行。它们的读者人数比经过严格审查的报纸读者人数多得多。它们的影响深远，德国人不遗余力想摧毁它们。德国当局警告说，任何一个"还想毒害公众思想的编辑将性命难保"，到处都有秘密警察巡逻。

地下报纸越办越大，越来越复杂，使它更容易暴露和受到惩罚。运作的最大弱点在于购买新闻纸和散发成品。警察能够很熟练地发现信使，经常在他们混入人群之前将他们抓住。在严刑拷打下，他们有可能供出其他人，然后会德国人顺藤摸瓜一查到底。当一个巴黎律师因同伴散发《抵抗》而被捕之后，德国人竟然一连杀了18人，驱逐了许多人，把该报的编辑人员全部铲光了。德国警察非常残忍，逮捕和处决了荷兰地下报纸《真正的荷兰》的70多名工作人员以及《发现》报的120多名工作人员。

令德国人困惑不解的是在这样严厉的打击下，地下报纸竟然能够生存下来。整个占领期间，《真正的荷兰》和《发现》一直在出版。屡屡受挫的德国情报部门甚至想和《发现》报的编辑们做笔交易：如果该报社同意停刊，

被关在德国监狱的 23 名《发现》报的作者和编辑可以免于一死。但该报拒绝了，那 23 个人走到了行刑队面前。1942 年和 1944 年另一份荷兰报纸遭遇了同样的损失，包括它的创始人弗朗斯·格德哈特在内的许多人被捕。但它继续出版发行，一天也没有停过，甚至刊登用格德哈特为笔名的社论。德国人并不知道他们已经抓住了该报的出版商，以为他只是该报的一名工作人员，报社的工作人员也没有把真相告诉他们。在知道格德哈特真实身份的荷兰警察帮助下，他在原定执行死刑之日的前几天就逃了出来。

许多出版物只出了几期就被通敌者出卖或被德国人发现了。运气最差的是法国著名音乐出版商雷蒙德·戴斯 1940 年在巴黎创办的《巨人》。戴斯只出版了 16 期就被逮捕并被砍了头。总之，秘密出版的代价很大。仅比利时就有 3000 名编辑人员被处决。这一数字是该国从事地下出版总人数的 30%。然而每关闭一份地下出版物，就会有两份新的地下出版物创刊。德国人开始出版一些著名的秘密报纸的仿冒品，里面印的全是错误信息，以此抹黑这些刊物。

但是笨手笨脚的德国仿冒品与地下出版的正品简直没法相比。最典型的是 1944 年 6 月 5 日诺曼底进攻日的前一天，荷兰爱国者出版了一期刊物。除了讽刺戈培尔和希特勒之外，这一期还刊登了荷兰党卫队头目汉斯·罗伊特的命令，对狗和鸭子的反德活动实行宵禁。

非法出版的报纸《自由丹麦》从哥本哈根大街上的一个窗户飘然而下（上）。从空中散发是希望人们像下面的过路人一样停下来把报纸捡起来再上路。

荷兰人喜欢它，德国人却大为光火，因为他们相信抵抗运动的编辑已经知道了盟军在诺曼底登陆的日期，并据此算好了他们的出版日期。他们并不清楚，这只不过是一种巧合。

对被占欧洲成千上万的人来说，主要的抵抗方法是帮助从德国逃亡的那些人。这是一件自然要做的事情。1940 年秋季的一天，一名在巴黎生活的美国记者遗孀埃塔·希勃遇到一位在法国乡村小酒馆躲藏的英国军官。希勃夫人本能地把这个人藏到了自己汽车的后备厢里，驱车带回巴黎，一些有影响的朋友帮助他逃出了这个国家。希勃夫人热心这项工作，取得了一次又一次成功。她用假证件偷偷地从不同的医院里把伤势不太严重的英法俘虏带了出去。她勇敢地在报纸上刊登广告，用这种惊人的方式又找到了许多急需救援的人。这位妇女后来被捕了，在监狱里待了几个月，后来美国政府用一名德国女间谍做交换，她才获释。

德国安全部门从一开始就清楚地知道许多逃逸的战俘受到了人民的保护，这个问题一年一年地变得更加复杂。在一份大张旗鼓的声明当中，德国人警告说，任何帮助战俘的人一经发现即可枪毙。但是，难以计数的普通平民像希勃夫人一样自己行动起来，接纳逃亡者，帮助他们逃出去。一位法国北部的农场主救了 57 位英法士兵，把他们藏在朋友和邻居的农场中。斯特拉斯堡的一位年轻姑娘吕西安娜·韦尔辛格，听说一些逃亡者想往瑞士南部边境逃跑之后主动给他们带路，领他们穿过农田，送他们上了大路。她和后来加入这项工作的朋友们做了两年这种危险的工作，后来有一个小组成员泄露了风声，韦尔辛格和4位同伴被逮捕并遭杀害。

这些早期自发的努力通常在盟军间谍强有力的帮助下发展成为正规组织和规模较大的助逃网。该网为逃亡者提供向导和安全房屋、假证件、给养、药品、指南针和便衣。荷兰、比利时和法国的主要逃亡路线是向南逃往瑞士，要么向西南通过未被占领的法国部分领土逃往西班牙、葡萄牙或北非。对逃亡的丹麦人来说，逃亡行动是乘船经过厄勒海峡或卡特加特海峡前往瑞典。对挪威人来说，逃亡之路是沿着挪威漫长的、人烟稀少的海岸线前往瑞典。从中立的但热心帮助的瑞典，有许多办法前往英国。

战争期间约有25万人沿着这些路线逃亡过。德国人知道他们没法跟踪每一条路线，所以他们集中精力摧毁较大的路线。助逃网中最成功的路线是科米特路线，由一位年轻的比利时护士助理安德烈·德·容开辟，她在敦克尔刻战役之后藏过英国兵，从此开始了秘密帮助逃亡者的生涯。她利用关系网，亲自带领她所帮助的人穿越法国前往西班牙边境。3年时间里，安德烈·德·容救助了800名盟军士兵，后来她在西班牙边境上的一个农场小屋被捕，被送往毛特豪森集中营，她在那里度过了余下的战争岁月。另一个主要助逃网是由化名帕特

征服者的铁蹄

一位荷兰伪造证件的专家专心致志地低着头将一个伪造的签名贴到一份伪造的身份证上。这种伪造文件帮助成千上万的逃亡者、犹太人和盟军士兵逃脱了德国人的魔掌。

1941年2月，对阿姆斯特丹犹太社区的一场突然袭击中，因抵抗盖世太保而被捕的犹太人跪在一个持枪的纳粹卫兵面前。此事激发了市民的同情，举行了罢工，他们对犹太人遭受的虐待非常气愤。

里克·艾尔伯特·奥利里的比利时人创办的，他的真名叫艾尔伯特·玛丽·格里斯。在英国情报局的帮助下，"帕特路线"救助了700名盟国空军。1942年，这条路线被一个叛徒出卖，一个逃出去的英国士兵后来成了一名盖世太保的告密者。格里斯逃过了德国人设下的陷阱，但是他有约50名同志被捕并被杀害。后来他本人在图

127

卢兹的一次集会上与一位同事被捕，原来这位同事是一个双料间谍。格里斯被送往达豪集中营，但活了下来。

当然战争期间最大的最非同寻常的助逃网络始于荷兰。这个帮助藏匿者的组织简称 L.O.，由一位家庭主妇和 5 个孩子的母亲海琳娜·西奥多拉·凯帕·里耶伯格夫人和加尔文教牧师弗里茨·斯洛普共同创建。共召了 15000 志愿者藏匿和救助了 30 万名躲入地下准备逃避逮捕或强制劳动的荷兰人。人们把难民称为"潜水员"。该组织为逃亡者寻找藏身之地，精心地选择搭配"主人"和"客人"，以便双方的宗教观点、利益、职业和社会地位背景相吻合。有时提供给难民的文件和给养证是假的，有时是真的。因为该组织有一个专门的部门定期袭劫政府办公室，获取文件，毁掉对德国人有用的名单和地址。

德国人及其合作者格外努力，企图摧毁像 L.O. 这样的地下组织。警察分队经常突然袭击教堂、剧院和足球场，检查身份证；包围整个村庄或城市街道，挨家挨户地搜查；不定期地印制更换给养证件，并只发给亲自报到并出示身份证的人；规定每告发一个犹太人奖励 40 荷兰盾，知情不报者处以死刑。德国安全警察乔装打扮成逃亡者渗透到助逃网里面。不可避免地，有1000 多位 L.O. 成员被捕，有的被处决，有的被驱逐，其中就有凯帕·里耶伯格夫人，她死在拉文斯布吕克集中营。据有人估计，每帮助一个逃亡者经地下组织成功逃亡就会有一个助逃者献身。但是 L.O. 在占领者被打败之前一直坚持工作。

战争期间最大规模的一次助逃是在 1943 年秋天，它救助了丹麦几乎所有的犹太人，之所以能够成功是因为它是"善意阴谋"，而且有占领者上层的参与。最初德国有保持丹麦是"中立国"的念头，给丹麦人优惠，没有人围捕和驱逐犹太人。但是宣布军事管制之后，犹太人突然成了希特勒"最后解决方案"的对象。1943 年 9 月中旬，希特勒签署了逮捕和驱逐犹太人的命令。10 月 1 日轴心国突然袭击。3 个秘密警察加强连将逮捕 5000

一船犹太难民从被占领的丹麦逃避迫害，前往瑞典水域。1943 年秋天，成千上万的犹太人从泽兰省和日德兰半岛踏上了这样逃往瑞典的征途。未能到达瑞典海岸的人不到 5％。

左右的牺牲品，并已经为他们安排好了运送的地点。但是纳粹阵营内部有人对此次行动持质疑态度。希特勒派驻丹麦的全权代表维尔纳·贝斯特担心围捕会引发该国民众的公开反抗。贝斯特把自己的担心告诉了朋友格奥尔·杜克维茨，德国驻哥本哈根大使馆的运输参赞。杜克维茨对这一前景十分恐惧，把纳粹的打算泄露给了一位丹麦高层官员，这一消息迅速传遍了犹太社区。

在指定时间，声势浩大的突然袭击开始了，但行动彻底地失败了。只集中和驱逐了几百名犹太人，大多数年纪太大或病得太重不能动弹。其余的犹太人都消失在非犹太的朋友家里和邻居家里，消失在学校、教堂和其他场所里。哥本哈根的医院"赶走了"叫犹太名字的病人，给他们起了假名并准备了假体温记录表。丹麦渔民在抵抗运动的动员下把数百船犹太人送过卡特加特海峡，运到中立的瑞典。最终有7200名犹太人逃脱了希特勒的命令。在被驱逐的人中，没有一个死在毒气室里。克里斯蒂安国王强烈地并不断地代表他们提出抗议，他们被送往相对人道的特莱西恩施塔特集中营，没被送往灭绝中心。

随着战争的延续，抵抗战士们发起了不间断的间谍战、破坏活动和殊死斗争。1940年6月14日纳粹国防军刚进入巴黎，德国兵就为他们的胜利付出了生命代价——在街上漫步时被人枪杀，在后街被用刀捅死，在剧院和色情场所里被用绳索勒死。在整个占领地区，镇压者流血的事件比比皆是，但在1943年以前它并没有上升为很大的比例。这一年德国在非洲和苏联战场遭遇了挫折，人们开始相信希特勒可能已经输掉了这场战争。此时，纳粹更残酷地镇压犹太人，恐怖手段变本加厉，使得许多被动的抵抗者积极地投入到抵抗运动当中。除此之外，德国加大了为德国农场和工厂招募劳动力的力度，使得成千上万的人必须在战斗或逃亡之间做出抉择。最后，英国特勤部门，后来美国特勤部门也加入了进来，一起提供了武装抵抗运动所需要的方法和训练。

与积极抵抗组织关系最密切的盟军组织是英国的特别行动处（简称SOE）。1940年夏天由丘吉尔首相组建，"负责协调对外国敌人进行颠覆和破坏的所有行动"，SOE向欧洲大陆派遣了7000名特工和培训教员，有的通过空投，有的通过西班牙或葡萄牙的陆路，其他的通过海路派遣。其中有无线电电报员、破坏者、间谍、宣传员和联络官。他们开始时最重要的工作也许是协调和精选在西欧能够得到的大量情报资料，发回伦敦。正如一个抵抗组织领导人所说的那样，几乎每个法国人都是一个潜在的盟军间谍，其他国家的人民也一样。比如，1941年1月一家比利时的纺织厂开始生产热带地区穿的军装时，立即就把消息传了出来，并报告了英国人。英国方面据此推测德国人在准备北非作战行动。德国人无力阻止这种泄露，只能集中精力查封搜集和传递原始情报的网络上。

　　其中，SOE 的无线电电报员尤其危险，他们是被占领的欧洲和英国之间的重要纽带。1941 年空降到法国的第一批 12 名电报员刚刚找到马赛的一座安全房屋时就发现盖世太保已经在那里等候他们。从一个被捕的间谍口袋里找到的一个地址本后，盖世太保在那里候了个正着。接受了这次教训之后，SOE 在往被占国家派间谍时特别小心，但是他们始终处于高危高压之下，他们的平均生存时间不到 6 个月。无线电电报员特别容易被专门的盖世太保和阿勃维尔反间谍小组发现。他们在乔装的救护车或送货车里工作，车里安装了先进的测向设备，这些高度机动的人员能够快速地辨别出电报员的位置，特别是如果电报员在同一个位置连续发几遍电报的时候。SOE 的电报员收到建议要不停地四处游移，并被指示如果被捕，宁可吞服身上带的氰化物胶囊，这是他们随身携带的工具的一部分，也不能冒在重刑之下泄露密电码和日程的风险。

　　德国反间谍机构更感兴趣的不是围捕 SOE 的成员，而是"改造"他们用于自己的目的。一旦 SOE 的电报员被活捉，他应该在下一次发报时在第一组字母里加上事先安排的"错误码"；这将提醒伦敦他是在胁迫之下发的电报。但如果这个报警机制没有奏效的话，盖世太保的反间谍机构就可能控制了这个人和他的发报机，他们会模仿电报员的"手迹"，即触键方式，开始发送虚假信息。这种无线电游戏的最终目的是建立虚假的抵抗

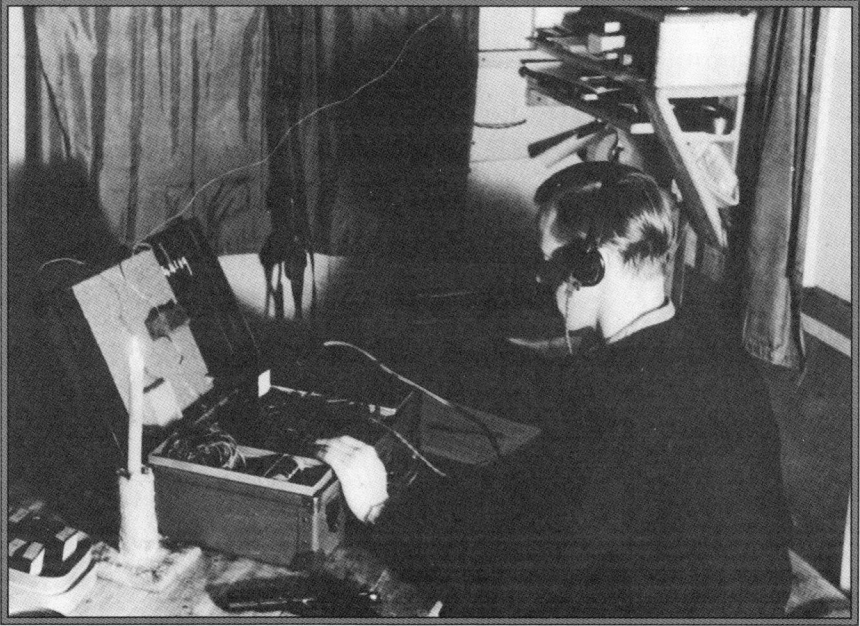

在烛光下，一位挪威无线电电报员用"手提箱"式的发报机为伦SOE发送密码信息，身旁放着手枪和卡宾枪。

组织网络，诱使盟军向它们空降更多的间谍和大量物资，以及对德国警察非常重要的文件。一旦他们抓获一个网络，德国人就尽可能地长时间让它保持正常，甚至把偶然击落的飞行员偷偷送回英国。最顶峰时，德国间谍同时操作 11 部法国抵抗运动组织的发报机，这导致盟军1943 年空降到法国的武器物资有一半多落入德国人的手中。他们的办法很巧妙，直到诺曼底登陆英国情报机构才知道他们依赖的一些抵抗小组已经不复存在。

派往欧洲的 SOE 无线电电报员中总共有 1/3 的人被德国俘房。但是直到诺曼底登陆为止，秘密的电台网数量持续增加，每天仅从法国就有约 100 名电报员发送

一对爱国夫妇的
艰难历程

1944 年 8 月 11 日，在挪威北部沿海一个小农屋里，奥拉夫·埃勒夫森蜷缩在发报机前。他是英国秘密情报局的特工，负责监视德国海军在挪威周围的活动。这天，埃勒夫森正尝试与总部联络，传递一条重要消息——一般运送了 50 名挪威抵抗组织战士的德国轮船的具体位置，有了这个情报，挪威海域附近的英国舰船就可以实施拦截，解救这些被扣押的人士。

然而，这条情报最终没能成功送出。埃勒夫森刚和伦敦郊外的总部联络上，就听到在窗口放风的妻子阿斯勒乌大声叫道："奥拉夫！德国人！无线电车！"在街上行驶的汽车是一辆无线电监听车，车上的天线凶神恶煞地指向他们住的房屋。

埃勒夫森是最近被召到英国秘密情报局工作的，下个月他们的第一个孩子将降临人世。他们被当场抓获。约 40 名盖世太保特工包围了这座房屋，很快从床垫下面找到了急急忙忙藏起来的发报机，他们拼命地用武器殴打奥拉夫。被命令重新与总部建立联系时，鲜血直流但仍很顽强的奥拉夫偷偷发出"德国人抓到我了"。救援行动取消了。

由于担心在重刑之下可能开口讲话，奥拉夫抓住了一次逃跑的机会。一次在到室外上厕所时，他将卫兵击倒，然后逃到树林里。敌人彻底搜索也没能抓住他。一周后这位机敏的特工到了中立的瑞典。

阿斯勒乌被带到特罗姆瑟的拘留营，后来又被带到奥斯陆。9 月 9 日她在严密的盖世太保监视下生下了儿子。起的是父亲的名字，小奥拉夫一直和母亲在医院里生活到圣诞节。但新年时，有消息说小奥拉夫必须和祖母一起生活。挪威唯一的英国秘密情报局女间谍阿斯勒乌将一个人到奥斯陆郊外的格里尼集中营。

到了指定的那天，一位盖世太保间谍来到集中营，准备带走小奥拉夫。就在离开之前，有一个电话叫住了他。电话很短，他转向悲痛欲绝的阿斯勒乌，告诉她的案子已经结束，此外，再没有做其他解释。阿斯勒乌和儿子被释放了，1945 年 5 月她们与奥拉夫重新团聚。

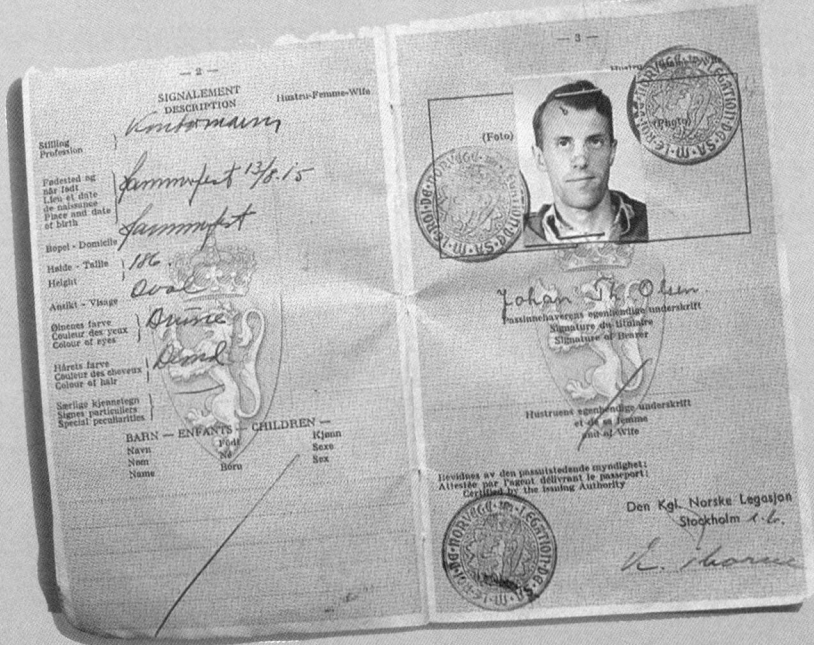

```
14  VOBPF  NMRGZ  ZDOST  YIXTO  BPJNE
15  EMHUL  LAVEN  DTTEO  USGPE  BFJGM  42
    OJFLV  RQFXC  ZOFJB  GDINM  ELDIN
16  GFORN  JKOLA  IERBZ  BJCXT  YTTLX
    SQLIK  JZDJD  UGTJK  ITTSE  NDTVI
17  DERES  TOPST  OOKBO  PKWSO  LAXXC
    UPJDJ  SXBUW  TEWLN  LMHOL  DEPPA
18  ABAPR  OEVEA  AFAAA  XCXMF  RXRZV
    JOACH  SYXGE  HXCCB  SLAUG  UHSOG
19  OVERT  ILSVE  RAGES  TOPBE  STEVI
    KSRKX  ZDAPF  LLSCJ  DSGBH  QUXOJ
20  LSNER  TEJD8  RSLUT  UPRDV  BLEXN
    IXRKW  LEJJD  OZKNO  XSMIQ  IAHPA
```

这是一份发给在瑞典的奥拉夫·埃勒夫森的密码电报（上），通知他为解救他被德国关押在奥斯陆的妻子阿斯勒乌所做的努力。电报的译文是"斯德哥尔摩在努力把阿斯勒乌救出来送往瑞典。此致，最美好的祝愿。西奥多。完。"发报者是英国秘密情报局挪威分局局长埃里克·"西奥多"·维尔希。1945年初，从德国秘密警察的监护下获释不久，眉开眼笑的阿斯勒乌·埃勒夫森在照片中逗小奥拉夫。她们突然获释的原因一直没人知道。

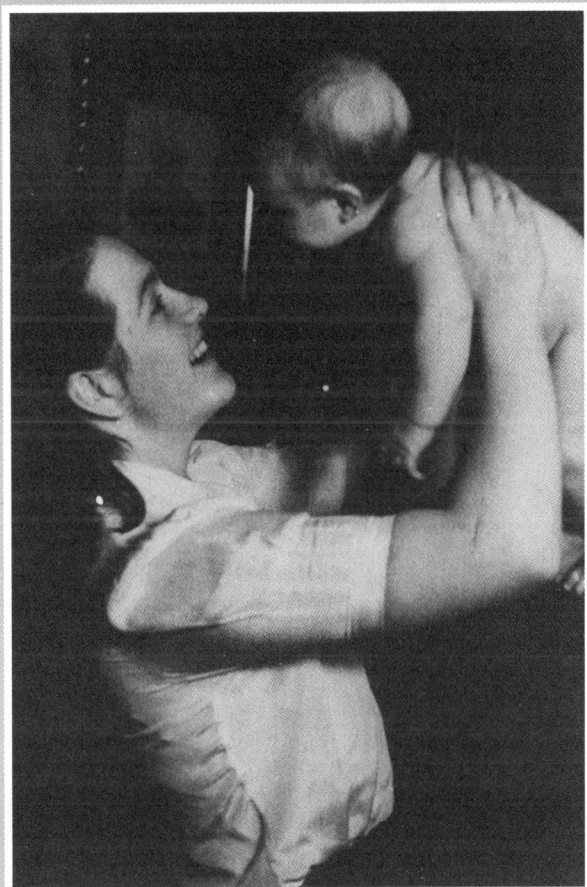

◀ 从德国人手里逃出来不久，埃勒夫森从斯德哥尔摩的挪威公使馆搞到了这份化名为约翰·奥尔森的假护照。他额头上的伤痕和鼻子上的绷带说明他在盖世太保手里受过残酷的折磨。

135

约6000份报告。比利时流亡首相说有了这些地下电台，他的国家在盟军最高指挥部面前宛若透明。

年轻的挪威人埃纳尔·欣纳尔兰德在战争期间最重要的一次破坏活动中发挥了关键作用，德国追捕他的决心最大，但最终未能成功。1942年初，欣纳尔兰德搬到挪威中南部崎岖不平的哈当厄平原，靠近诺尔斯克水力设施，这里生产大量的重水，用于德国的核研究。欣纳尔兰德从隐蔽的位置与伦敦保持了近一年的无线电联系，发回了有关诺尔斯克工厂及其防务的信息。在经过长期认真的计划之后，1943年2月17日，一个由6名挪威人组成的小队从英国空降到此地，与先期到达的其他3个人会合。他们攀过冰封的悬崖到达电厂，制服了警卫，炸毁了18个生产重水的车间。恼羞成怒的德国人部署了3000人的部队搜索这一地区，但包括精明的欣纳尔兰德在内的每一个破坏者都成功地逃掉了。

5个月后，诺尔斯克工厂才恢复生产，当它重新投入生产的时候，工厂的一部分又被大规模的美国空袭炸毁了。最后，1944年2月，挪威的破坏者在一辆满载其余重水的火车轮渡由挪威前往德国的时候将其击毁，彻底地粉碎了第三帝国的核野心。

从占领一开始，阻挠德军计划的小规模工业破坏活动就从未间断过。开始时这种活动主要是故意拖延战术和在生产线上怠工。占领之后，卢森堡效率正常的钢铁厂莫名其妙地降到了以前生产量的1/3。一个丹麦船厂用了 26 个月而不是通常的 9 个月才将一艘扫雷艇交付德国海军，比利时兵工厂的管理人员交付了 150 万颗没装火药的子弹。法国铁路工人心不在焉地扳错了道岔，因此"损失了"整辆整辆的火车；沙土和石子进了列车轴箱；把少量的硫酸或成筐的腐烂蔬菜倒进了运往德国的产品里。

德国人抓不到负责的人，只能随意逮捕。但这样做的效果微乎其微，从 1940 年到 1943 年，丹麦的破坏活动增加了 10 倍。丹麦人喜欢保持纪录，他们创造了 119 次列车出轨事件，破坏了 1525 段铁路，炸毁了 58 个机车发动机和 31 座铁路桥梁。受到一定程度破坏的还有 2700 家丹麦工厂，还有各种各样的德军维修店、车辆、飞机和海军舰只，这些还只是不完全的记录。破坏情况已相当严重，德国西部战区总司令伦德施泰特将军甚至认为这是德军后勤努力在 1943 年的"转折点"。

海因里希·希姆莱的党卫队此时负责维护被占地区的秩序，他调动了新的人员来打击抵抗运动。在每个国家，希姆莱的爪牙们都组织并装备了特殊的附属机构向抵抗运动开战。比如，荷兰人只好与准军事化的斯哈尔克哈尔警察斗争。这些警察接受了特殊的党卫队训练，成了所谓的蛙人（负责渗透到地下组织的秘密特工）。在法国，45000 人蜂拥般地参加了臭名昭著的维安团。这个相当于德国盖世太保的组织是在希特勒的建议下于

1943 年建立的，遍布法国全国。事实上在一段时间里，在德国人办的秘密警察部门里报名的人和参加抵抗运动的人一样多。

德国兵检查哥本哈根的一个汽车总厂废墟。该厂于 1944 年 2 月被丹麦抵抗运动炸毁。炸毁该厂是为了防止德国人将该厂生产的汽车及汽车零件用于战争目的。

这些特殊的附属机构与传统的维护法律和秩序的力量并存，但在特征上却大不相同。他们往往比德国人还积极。"狗比主人还坏。"一位丹麦抵抗运动战士生动地形容道。传统的警察对这些亲纳粹的新来者并不友好，分给他们打击抵抗运动的任务也不执行。在一些小城镇更是如此，有危险情况时警察往往提前提醒邻居，他们拒不逮捕和驱逐犹太人。在荷兰，整个警察部队都转移到了地下，剩下的也不可信，1944 年德国人把他们的武器全收走了。同时，丹麦警察拒不打击抵抗运动，拒不保护工厂免受破坏，使党卫队头目京特·潘克怒不可遏，下令将一万人的警察队伍全部逮捕，送往布痕瓦尔德。结果约有 1700 人被捕，但其余的人全逃掉了。

1943 年，抵抗组织开始加强对德国兵个人和重要的通敌卖国者的攻击。地下组织缺席审判他们，把他们的名字交给暗杀队。有时会给通敌者寄一封装有小棺材的邮件，事先警告他们的命运。一个荷兰打击小组枪毙了一位前战争部长和前总参谋长，两人都是臭名昭著的纳粹支持者。荷兰暗杀者也除掉了宣传部副部长和几个

1943 年，丹麦纳粹为了镇压破坏活动组建了类似党卫队的准军事部队沙尔堡军。这是该军的一个连在哥本哈根的大街上行进。在这支雇佣军镇压中受过虐待的丹麦人称自己"被沙尔堡过"。

城镇的纳粹市长。1943 年的前 6 个月，荷兰共有 40 位
平民纳粹支持者被杀。暗杀者对这种暗杀并没有内疚之
情。"暗杀通敌者是为民除害，并不是谋杀。"一份地
下报纸评论道。同时在法国还有一个说法："赞扬杀死
德国人的人。"这一段时间里，共有 281 个德国人、97
个法国警察、147 个法国通敌者被暗杀。

　　德国进行了野蛮的报复。从一开始，德国的政策一
直是抵抗运动杀死一个德国人，他们就杀死 50 个，甚
至 100 个人质。破坏活动和公开的抵抗活动处理起来也
相当严厉。早在 1941 年 9 月，希特勒签署了《夜雾令》。
被怀疑从事反对第三帝国活动的人会默然消失在夜幕和
大雾里；家人、朋友、国家当局再也听不到他们的音讯，
也不知道他们被送到哪里去了，不知道他们是死是活。
在战争期间有约 7000 人被恐怖活动灭绝。生存下来的
少数人中有一个叫阿尔内·布伦·利的挪威抵抗运动成
员，被捕的时候才 16 岁，后来在不同的集中营里受过
一年的拷打和折磨。他记得一个盖世太保卫兵有一次向
他大喊大叫："你们已经死了。你们是活死人，没有人
知道你们的存在。你们没有名字。在你们的序号旁边没
有名字。只有活人才有名字。我们征服了你们，打垮了
你们，把你们灭绝到夜雾里，灭绝到绞索的夜里，火葬
场的雾里。"

　　当德国人意识到战争的局势正逐渐有利于盟军，他
们开始更多地依靠希特勒总部再次下达的恐怖命令：《子

弹令》——该命令指示所有破坏者都应就地枪决——和《家庭人质法》，授权安全警察枪杀逃亡恐怖分子的男亲属，逼女亲属参加艰苦劳动，孩子上劳改学校。德国人越来越频繁地从一个叫死亡候选人的小组里挑选受害者。他们要么是抵抗运动的嫌疑人，要么是政治犯，或者是出现恐怖活动后为了镇压而指定要处决的知名人士。

德国人把怒气发向整个城镇，血流越来越大。两名盖世太保在进攻挪威特拉维格的抵抗组织时被杀害，整个村子被夷为平地，它的捕鱼船队被沉没了，牛被屠宰了，男人被送往死亡集中营，女人和孩子被送往拘留营。在阿姆斯特丹，因一个德国双料间谍被暗杀，为了报复，德军强迫人群前往目睹房屋被烧毁和 29 人被处决的场面。"在房屋的滚滚浓烟下，尸体留在路上。"一位目击者回忆说。在一次疯狂的报复性屠杀当中，263 名荷兰人丢掉了性命。当时，一队抵抗运动的战士打算劫持一辆载有 6000 磅猪肉的国防军卡车。在听到卡车驶来的声音时，战士们冲到路中间截住了它。结果这是一辆德国宝马军车，上面坐着荷兰党卫队司令汉斯·劳特尔将军。在随后发生的枪战中，劳特尔受了重伤，德国人认为这次伏击的目标就是取劳特尔的性命。在随后迅速采取的可怕报复行动中，他们让几个监狱的犯人排好队，然后开枪把他们全杀了。100 多位被屠杀者的尸体躺在伏击现场的道路上，还留了一个字条说："这就是我们对付恐怖分子和破坏者的办法。"

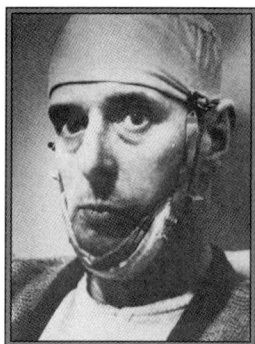

1945 年 3 月 6 日，一伙荷兰抵抗组织战士伏击了当时坐在宝马军车上的纳粹头目汉斯·劳特尔。德军调查员正通过弹道推测抵抗人士伏击的位置。劳特尔身上多处受伤，下巴处也有伤。

便衣分队经常对个人和组织进行随意攻击,以混淆公众对谁应负责的看法。在丹麦,德国恐怖暗杀小队把要杀的人和要炸的建筑做成卡片目录。在第一次闪电袭击中,匿名杀手破门进入一个著名议员和爱国者的家中将其杀害。其他攻击很快接二连三,杀害丹麦医生、律师、新闻记者、学术分子和艺术家。著名的丹麦神职人员和剧作家卡伊·蒙克在讲坛上谴责了这种行径,并呼吁人们奋起抵抗,之后,他被几个不知名的男子从家中拖走,在大街上被枪杀。在16个月里,暗杀小队杀害了899名丹麦百姓。

荷兰抵抗运动者把长枪和弹药藏在阿姆斯特丹一个浴室的地板底下,以备将来打击德国占领者时使用。这样做一经发现可能会被德国人枪毙。

德国爆炸分队在丹麦同样繁忙。定时炸弹在电影院和宾馆大厅里爆炸。哥本哈根的学生招待所和皇家哥本哈根搪瓷厂被炸毁,还有16家省级报纸的编辑办公室被炸毁。后来在最终的打击报复中,丹麦纳粹准军事力量沙尔堡军的一个分队在可怖的夜幕下带着几袋炸药进了哥本哈根人喜爱的蒂沃利花园，彻底摧毁了这个建筑群——音乐厅、体育区、娱乐园和舞厅，甚至连神奇的"玻璃屋"也未能幸免。这次破坏活动是为了惩罚丹麦人竟然敢聚众庆祝盟军在诺曼底海滩登陆。

法国也深受其害。为了报复一个德国军官遭枪杀，德国部队屠杀了格拉纳河畔一个叫奥拉杜尔的村庄的639人。尽管这种手段极其残忍，但1944年大部分德国军队接到一个指示，认为"采取的行动还不够严厉"。因此德国人想方设法让更多的人到现场目睹枪决的实际情况，从而产生更大的恐吓效应。在蒂勒市，为了镇压

1944年9月3日清晨，两名亲德国的丹麦电台宣传员和疑似告密者被机枪子弹打倒，躺在哥本哈根郊区寂静的居民区街道上。这是一个特别的抵抗运动组织"铲除委员会"实施的谋杀。

政党活动，99 名男女和孩子被抓去吊死在阳台上、窗户架上和大街的路灯杆上。虽然没人知道确切的数字，但仅在法国也许就有 3 万人被处死。

毫无疑问，大量的恐怖行动对抵抗运动产生了一些影响。比如，荷兰领导人经过认真考虑后决定放弃刺杀臭名昭著的荷兰纳粹头目安东·米塞特的计划，否则肯定会有可怕的报复行动。然而即使对平民百姓采取最残酷的行动也不能消灭抵抗运动。恐怖活动持续到最后，德国人逐渐发现了他们可以用另一种武器取得更大的成功，即默默无闻的和隐蔽的盖世太保反间谍力量及其分支机构。

盖世太保在恶迹昭彰的维安团（法国法西斯警察）各阶层特工的帮助下在对付法国抵抗运动方面取得了一些成功。德国采取此项策略的依据是认为法国的抵抗团体之间都相互联系，只要渗透进一个网络，其他的也都会暴露。在这方面他们是很对的，因为盟军已经让他们占了便宜。

英国人，尤其是 SOE，坚决支持各团体独立，彼此隔离，减少一旦有人叛变而可能出现的可怕后果。但自由法国领导人查尔斯·戴高乐将军要求建立一支在坚强的自由法国影响下由中央控制的团体间相互依赖的抵抗组织。最后，戴高乐的主意胜了，德国满意地抓到了戴高乐派去指挥所有法国抵抗运动的那个人。他就是让·穆兰，前厄尔－卢瓦尔省的地方长官，他从一开始就反对德国人，自然也因他的大胆行为被捕。获释后，他逃到了伦敦，给戴高乐留下了深刻的印象，把他空降回法国，委派他把许多主要的抵抗组织团结起来。穆兰在这项十分困难的工作上取得了巨大的成功，组建了直接隶属于伦敦的全国抵抗理事会。但后来他因这个体制固有的弱点而深受其害。

1943 年春天，在马赛的一次日常的街道封锁中，盖世太保逮捕了一个叫让·马尔顿的人，他是一个抵抗运动组织的领导人。马尔顿并不是一个坚强的人，他为了活命讨价还价。通过他，德国人和他们的特工占领了该抵抗运动组织的马赛总部，并逮捕了 125 名马赛区的抵抗运动战士。这只是刚刚开始。马尔顿还供出了抵抗网络里的其他组织。两个月内，盖世太保抓到了几十位其他的抵抗运动成员，包括在里昂郊区卡吕尔－屈尔的一个医生诊所里被捕的让·穆兰，他正在召开抵抗运动领导人会议，迫切要求大家弄清团体内的破坏情况。不幸的穆兰被折磨死了，没有吐露自己知道的任何情况，但其他与会者吐露的情况使德国人摧毁了几个抵抗运动组织，逮捕和处决了主要的特工。

但是穆兰的死还不是最重大的损失。他的主要目标之一是组建一支地下部队，准备在盟军反击时起来配合打击德国人。他组建了法国内地军，一支有 3 万人的准军事组织，由盟军训练和提供装备。参加法国内地军的是成千上万的"游击队"，他们都是逃到山里、森林里、灌木丛中躲避到德国参加强制劳动的年轻人。许多游击队员已经有过搞破坏和谋杀的经验。现在盟军想把他们并入主要的抵抗运动里。他们提供武器、炸药，确定破坏目标，教游击战术，并派联络官协调他们的行动。然而，总体来说游击队仍然疏于组织，经常缺少枪支弹药。法国中南部的克勒兹地区有一支150人的游击队伍只有35支左轮手枪，13支步枪，3支冲锋枪和6枚手榴弹。弹药装备之所以缺乏，是因为德国拦截了盟军空投的装备。

在盟军进攻前，法国内地军和游击队均奉命只对德国后勤补给路线进行破坏活动和偶尔发动袭击。为了对付这种打了就跑的战术，德国人想法把抵抗运动部队吸引到开阔地带作战，在这样的地势下，装备很差的抵抗部队完全不是德军的对手。这种策略很有效。在上萨瓦尔省的格里尔，一位头脑发热的前阿尔卑斯步兵中尉率领500名法国内地军迎击一支德国步兵部队，结果损失了一半人员。在利摩日附近的贝辛那克，一支游击队迎击一支党卫队部队，游击队的领导人黯然地报告说，他的队伍"还没伤及一个党卫队士兵"就被消灭光了。在诺曼底登陆之后，有成千上万的游击队和法国内地军人向德国人发起了更大的行动，他们期望盟军部队能够尽快提供援助。但是抵抗组织进攻计划不周，协调很差，而盟军在诺曼底已经忙得不可开交，无暇顾及抵抗力量，因此抵抗力量多半被打败了。

在进攻法国东南部格勒诺布尔平原附近的韦科尔阿

尔卑斯高原后，发生了最惨痛的失败。共有 3500 名法
国内地军和游击队员高举法国旗帜，宣布自由韦科尔共
和国成立，他们以为盟军会空运部队，因此在等着增援。
恰恰相反的是，他们等到的是两个德国师，一万多装备
重武器的德国兵从南北两翼进攻了这个 300 平方英里的
天然堡垒，把防御者逼回悬崖峭壁和山洞地区。后来，
在关键时刻，20 架滑翔机在天上低空盘旋。大喜过望
的法国人以为盟军终于到了。但到的还是德国人，200
名纳粹党卫队精锐空降在抵抗力量背后的草地上，从背
后向他们发起进攻。法国人顽强奋战，战斗持续了两天。
但到最后，抵抗力量被打垮，1000 多人阵亡。

　　盟军最后开始向法国长驱而入的时候，他们呼吁抵
抗运动在三个方面帮助他们：加强工业破坏，摧毁德国
陆地供应线，骚扰德军的活动。破坏活动炸毁了 800 辆
机车车头，摧毁了尚存的法国铁路系统。在法国南方的
一位德国高级情报官记录说，他所在地区的铁路"被破
坏活动全部搞瘫痪了"。但这位情报官注意到公路汽车
运输相对自由，这就是说"供应车队和撤军活动虽受到
骚扰，但并不太严重"。事情的真相是法国内地军最后
动员了近 40 万人，他们装备不良，训练太差，除了骚
扰敌人之外难以有所作为。法国武装抵抗力量本身还没
有强大到使德国战略发生大的调整，或者重新部署德国
部队。

　　在西欧情况也一样。荷兰、丹麦和挪威动员的国内

　　在哥本哈根的一条大街上放满了纪念的鲜花。1944 年 7 月，在诺曼底进攻日之后德国人对市内焦躁不安的老百姓采取了镇压，杀死了约 100 名丹麦人。每束鲜花的卡片上写着："在这个地方，有一个丹麦人为了丹麦能够生存而献出了生命。"

部队在破坏活动方面很出色，但还没有强大到可以与正
规德国部队作战的程度，他们大部分时间也没能那样做。
只有比利时地下部队在国家的解放过程中协助英国部队
完好无损地夺回了安特卫普港。但是在英国第 11 装甲
师逼近港口区的时候，比利时人才开始行动。事实上所
有的国内部队都受盟军司令部的控制，司令部担心他们
会妨碍整体战略。确实，1944 年 8 月抵抗运动领导的
巴黎起义迫使盟军放弃了绕过该城的计划，本来可以用

　　在纳粹的旗帜下，巴黎的德国法庭在"审判"27名被控犯有谋杀和破坏罪的民兵组织共产党青年营的成员，他们正在听取证词（左上）。右上，在1942年4月的法庭审判上，25名战士被判死刑。德国卫兵押着戴手铐的被告走出法庭。其中两个被判死缓：一位是西蒙·施罗斯，在法庭外面（右），和特蕾兹·勒菲弗。两人都被送往德国的安拉特监狱。几个月后，施罗斯被砍头。

于进攻的部队和供应被迫滞留当地。

　　一位德国高级军官认为，抵抗力量"在战斗中没有发挥决定性的作用"。从纯军事角度来说，他的评估是对的：1944 年部署在欧洲的 300 个德国师中负责内部安全的不足 20 个师，而且它们当中大多数是二流部队。但是抵抗运动给德国人造成的心理影响是巨大的。从不间断的破坏和暗杀、大量的间谍和助逃网络，几乎每个人脸上都写着的敌意，德国人在对付这一切时所遇到的挫折无时无刻不在动摇占领者的自信心。这种信心对德国的成功至关重要。

　　1944 年 9 月，抵抗组织企图从纳粹的占领下解放法国中东部的奥顿镇没有成功，25 名瓦尔米团的成员被德军屠杀。图为惊慌失措的奥顿居民查看屠杀现场。

丹麦人的
傲慢

    1940年4月9日，德国闪电般地攻克丹麦后不到24小时，被围困的克里斯蒂安十世国王指示他的国民："目前在丹麦的德国军队是与丹麦国防军联合行动的，国民有义务放弃抵抗这些军队。"丹麦人服从了最高统帅的呼吁，希特勒称这个小国是个"金丝鸟"。随着时间的推移，事实证明这是一个并不恰当的称呼。

    希特勒错误地认为那是软弱，其实是一种务实。认识到自己的1.45万军队根本不是德国庞大军队的对手之后，丹麦人达成了令人不安的妥协：只要表面上保护丹麦人不受攻击，德国占领军不威胁丹麦的宪法权利，丹麦将平静地忍受侵略者。德国回报"模范保护国"的是允许国王及其政府继续行使权力，唯一的外交官——德国大使代表第三帝国的官方利益。

    但后来这种被迫达成的联盟开始出现紧张迹象。丹麦人微妙地做出了成千上万个破坏性的姿态，暗中损害他们的"保护者"。德国兵的友好表示遇到的是丹麦人的冷漠。破坏者开始骚扰占领军。1943年的大选当中，丹麦纳粹党只得到了2%的选票。

    到1943年夏天，丹麦对德国人的傲慢已经十分公开：群众示威堵了市内街道，破坏活动增加了一倍，7月只有93起，8月就达到了220起。德国采取了报复行为，实行军事管制，把丹麦人送往劳动营。这些措施只能激励丹麦人的不屈不挠。最后，8月24日，在到目前为止最大的一次暴动当中，抵抗运动的特工炸毁了哥本哈根附近的广场论坛展览大厅，本来几小时后它就要正式改为德国兵营。爆炸声在几英里外都能听到，表明丹麦与德国的关系发生了明显的变化。

1943 年 8 月 23 日，丹麦抵抗运动在向德国占领军发动的一场地下战争中使日德兰省的一列列车脱轨。图为丹麦人在查看列车残骸。

1943 年 8 月 24 日，丹麦警察尽
力平息欧登塞的一场暴动。该市市民
对政府继续与占领军妥协十分不满，
掀翻了一辆警车。

一位德国枪手乘一辆马车在暴
乱四起的欧登塞街上巡逻时随时准
备射击。这位枪手后来射中了当地
一位妇女的脖子。

暴动季节

在论坛展览厅爆炸之前，德
国占领军司令赫尔曼·冯·汉内
肯将军已经将该国逐渐升级的暴
动情况报告了柏林。7月欧登塞
造船厂的破坏者已经损坏了一艘
新扫雷艇，德国当局十分气愤，
派武装卫兵看管工厂的工人，工
人们很快组织了罢工。一波同情
的罢工浪潮瘫痪了当地商业。德
国人只好采取了军队巡逻和夜间
宵禁的办法。

政府发出了"恢复安静与秩序"
的呼吁，但这只会更加激发工人们
的愤慨。8月初，在欧登塞造船厂
又发生了一起未遂的破坏行动，德
国人进行了镇压。8月18日，工人
们以全市大罢工还以颜色，并很快
蔓延到埃斯约比、阿尔堡和斯卡恩。
一夜之间，17个丹麦城市的工业
处于停滞状态。最后，欧登塞暴动
工人差点将一位德国军官用棍棒打
死，柏林采取了激进办法才重新控
制了局势。

1943年8月29日，一名德国兵在哥本哈根火车站张贴军事管制的正式通知。德国卫兵在索尔根弗里城堡站岗（下图），克里斯蒂安十世国王被软禁在这里。"这里没有一个人投降，"国王的副官告诉占领城堡的德国兵，"但是陛下已经命令所有的枪声停止。"

丹麦士兵在黎明前被从床上叫醒，在德国卫兵的监视下乘车前往哥本哈根的一个集中地。只有一个俘虏穿着军衣（右），其他的还没来得及穿。

军事管制之下

1943年8月28日，德国大使向丹麦首相递交了最后通牒：抵抗运动必须停止，否则德国将实行军事管制。丹麦人必须停止所有的罢工和公共集会，遵守严格的宵禁，抓捕在欧登塞殴打德国军官的犯人，对破坏者执行死刑。他们有7个小时的反应时间。

在最后期限前15分钟，丹麦人做出了无可置疑的否定答复。德国兵占领了丹麦的每一个发电站，火车站和工业设施。国家的自然领导人——政治家、专业人士、商人和士兵被送往拘留营。在与丹麦皇家卫队短暂交火后，德国部队攻下了索尔根弗里城堡，软禁了国王。哥本哈根周围部署了装甲部队，纳粹国防军完全控制了局势。

为了展示德国的
强大武力，一辆载着
一队士兵的装甲车耀
武扬威地停在哥本哈
根的大街上。

一个德国摩托化分队（上）占领了霍尔斯洛德监狱，黎明前扫荡丹麦城市时逮捕的人将被关押在这里。下图是1943年8月29日监狱的丹麦管理人员和卫兵撤出的情景。

陷于德国网

为了安排8月29日纳粹国防军抓捕的上千名丹麦公民，德国人占领了哥本哈根西北25英里的霍尔斯洛德监狱，用纳粹兵替换了丹麦卫兵。这个监狱最初是1941年6月丹麦人根据德国的命令为关押丹麦共产党而建的。现在监狱必须扩建，以便接纳一些丹麦最有影响的公民。具有讽刺意味的是，德国人被迫在几小时之内释放了几位官僚，以便重新启动他们关停的丹麦政府机器——此时已经正式处于德国的控制之下。

納粹士兵在霍尔斯洛德监狱一
角集合。德国接管后，有100名丹
麦共产党牢犯从这里逃脱。

虽然接到了"投降"的命令，在霍尔拜克的丹麦士兵仍然准备战斗。

兴高采烈的德国士兵查看丹麦人应解散武装的要求缴出的一堆破武器。

镇压丹麦人

在德国逮捕丹麦平民百姓，占领政府办公室和工业设施的同时，他们还猛攻丹麦的军事设施。在认识到武装抵抗并无益处之后，丹麦军队总司令埃贝·格尔茨将军下令停火。到8月29日中午，丹麦军队已经处于德国的控制之下。

丹麦海军稍好一些。德国军队在29日凌晨4点攻击哥本哈根的海军基地之前，丹麦海军根据标准作战规定，有条不紊地引爆了安放在一些船舱里的炸药，有的则乘船逃脱。在一小时之内，29艘丹麦舰只沉入海底。13艘逃到瑞典的安全海港。剩下的都是些小军舰，成了第三帝国的战利品。

船舱发生两声爆炸之后，这艘丹麦炮艇在哥本哈根的海军基地沉没，这里已经传达命令"要么逃掉，要么沉掉"。

4. 熬过艰难的岁月

1940 年一个夏天，快到中午的时候，法国西南部港口城市吉伦特南面的一个小村庄里的居民看到一个德国兵骑着摩托车风驰电掣般地开进了他们的村庄。他手里拿着一个要交给市长的粉红色字条：当晚德国军队需要 16 个房间。"虽然早有传闻敌人已经到了吉伦特以北，"一位村民几天后给一个朋友写道，"但谁也没想到他们离我们这么近。警官们急急忙忙地在教堂、旅馆和民房张贴布告，敦请人们保持平静与尊严，继续做他们的日常劳动。这一次妇女们不再叽叽喳喳，而是三五成群，站在街中间说起了悄悄话。"

4 点钟，街上到处都响着德国军车的马达声。"一队快速通行的车辆正隆隆开往凡尔登，"这位法国人写道，"军火卡车拖着大炮；汽车旁边都带着边斗，挂着备用车轮；三个座的敞篷汽车，四个兵挤一个座，每人两腿之间夹着一把枪。他们的机械装备很了不起。我躲在树后看他们行进，直到夜幕降临看不清楚，也没听到有螺栓嘎吱作响，或看到有火花塞失灵。"

德国军队通过之后，留下了一队官兵在这个村庄宿营。有几位就住在写上面这封信的人的客厅里。他们的举止是无可挑剔的，一丝不苟，正确无误，彬彬有礼。

被占巴黎一个幼儿园的孩子们坐下来吃午饭。占领期间随处可见公共施粥的地方，这是向低收入家庭提供低廉食品的服务。

军官严禁部队大声喧闹,严格控制这些瘦削的年轻士兵,第一天晚上只允许 3 个人到当地的咖啡屋去。

很快新来者与市民之间刻板和相互戒备的关系开始松动了。第三天,一个德国兵打破了坚冰,弯下腰来逗一只小狗;另一个德国兵向一个小姑娘招手。"一周后,虽然仍很克制,比较矜持,他们已经与当地融为一体。村里不再过多注意他们。"这位法国人写道。他补充说侵略者似乎有意"以最小的摩擦完成他们的任务"。准确的任务是什么,或需要多长时间完成还有待于观察。信接着说:

"至于将来,我们全村只能屏息祈求好运。寒风不时地刮起一些稻草。占用了我们橘色客厅的小伙子们说这种色彩缺乏阳刚之气。他们说如果我能买到油漆和墙纸,他们自己会动手重新装饰一下,装饰成最好的慕尼黑式的。'住这么短的时间值得这么费事吗?'我问。"

"是的,"答复令此信作者的心一下凉到了脚跟。"他们说,'我们将和你们生活 5 年'。"

这封信被偷偷带给了美国作家伊丽莎白·莫洛,这是反映德国占领前几个月对普通中层法国家庭生活的影响的系列信函之一。这样的故事几乎每个西欧被占国家的城镇里都有,居民们看着侵略者开进来,闪亮的武器和"了不起"的机械似乎使他们成了了不起的自然力量,不可回避,不可阻挡。的确,后来的变化虽然不像水灾、地震或飓风造成的变化那样剧烈,但在某些方面依然具

占领初期，丹麦村民从容地与德国军队打成一片。在战争的前半段，丹麦人不抵抗侵略，缓和了丹麦及其占领者之间的紧张关系。

备强大的破坏力。

　　随着闪电战尘埃落定，疲惫的屈从代替了起初的惧怕、迷茫和无序。西欧人想重新恢复他们的生活并继续下去。但他们发现日常生活中所有熟悉的程序都被改变了——上班、买肉、到银行办理业务、读报纸、写信、坐公交汽车都变得困难、复杂，甚至危险起来。

的确，丹麦、挪威、法国和低地国家没有遭受不久前波兰经历的那种赤裸裸的残暴噩梦，至少没有马上遭受。但是，被占领的西欧人民似乎正在经受另一种噩梦。在这些噩梦中，地球上最富有的、生产力最高的地区受过良好教育且生活富足的居民眼睁睁地看着他们的家园被侵占和私有化，变成了一片陌生、落后和越来越危险的领土，似乎整个大陆已经沦入恶魔掌中。

"在几个月的与世隔绝之后，被占法国已经变得难以辨认，除了 1941 年的日历标示着日期，法国似乎已经消弭在时空里，并且望不到何时回归。"《纽约人》杂志驻巴黎记者雅内·弗兰纳在法国沦陷不到一年后写道，"它已经在欧洲地图上失去了适当的地理位置，仿佛漂泊在地狱的边缘，周围土地环绕，却宛若一个孤岛，旅行者无法探险，居民们只能写信，电报已经停止运作，似乎从来没发明过电报机；在这里食物再次成了人们最关心的事情，没有了季节，服装只不过是用于取暖的布料；人们把珠宝藏在树桩里面，用汽车油做沙拉调料，一个现在充斥悲剧、将来充满迷茫的法国。"

与占领军一起到来的还有手提式的印刷机械，印刷对被占领土具有毁灭性影响的一种新货币。新钞印在僵硬的棕色纸上，称为"军事货币证"。被占领区的人民称这种货币为军队货币，因为这种货币用于支付在被占领土上服役的德国兵的薪水。这只不过是德国财政当局

德国人在占领区发行的军队货币严重溢价，使纳粹国防军有了巨大的消费能力，如图中（上）的战士在比利时的一家商店里买酒。下图是驻巴黎的德国兵休假回家，一个搬运工人帮他拉着载满战利品的行李车。

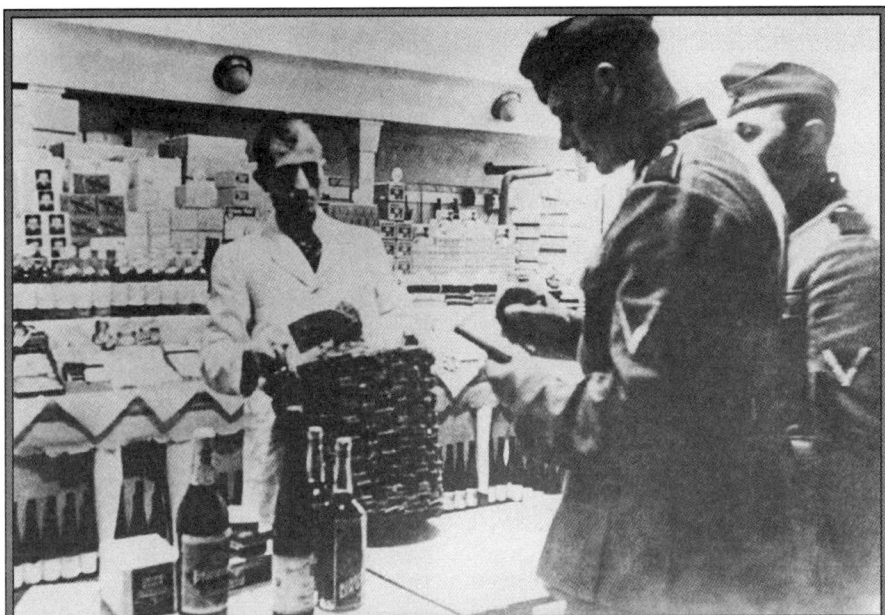

发的一种约定支付的钞票，没有黄金或白银支持，并没有什么价值，但德国以军事威力强迫当地政府接受这种钞票，其汇率由柏林方面直接硬性规定。法国、荷兰、比利时和斯堪的纳维亚诸国的商人只能被迫按面值接收兑换。这种代币券给被占领国带来了灾难性的后果。

德国部队用军队货币给自己发高薪。据估计，在法国，平均一个德国兵得到的薪水数额要比同样军衔的现役法国兵高50倍。德国兵不能回国内花这些巨额薪水，但在被占领的国家里这些地位卑微的人突然之间有了富人阶级才有的购买力。对纳粹国防军来说，被占欧洲成了一个正在疯狂促销大减价的商店。

"好像一群稠密的、没完没了的、极具破坏性的蝗虫飞临了比利时，"一位比利时经济学家在回忆德国兵蜂拥进入他们国家的商店时的情景时说，"连续不断的纳粹国防军人浪把货架上的商品几乎抢购一空。德国兵什么也没偷；他在现场付钱！唯一的缺点是几个月后他们的贪婪令所有的商店橱窗、柜台和货架都空空如也。他们兴高采烈地为妻子买几双袜子，或为孩子买辆新牌子的童车，再在休假时把采购的商品带回国内。从最大的城市到最小的村庄，每天都能看见长长的士兵队伍，个个背着采购来的无数商品压得腰都直不起来。"

一个深受人们喜爱的笑话很快在布鲁塞尔流传开来。"你听到最新消息了吗？3位英国间谍被抓住了。他们装扮成纳粹成员，讲起德语来像德国人一样，但盖世太保还是抓住了他们。猜一猜为什么？因为他们的包裹里什么都没有。"

这种抢购浪潮当然并不是一件可笑的事，因为德国人用军队货币购买的不只是袜子和童车。基本的商品——奶酪、鸡蛋、肉和粮食堆满了占领者的军营，装上列车直接送回德国国内。供货商和商人们手里拿着皱皱巴巴的棕色纸券，痛苦不堪，这种货币很难偿付，而且一但德国输掉这场战争，这些纸币将一文不值。

"德国佬就用这些毫无价值的纸币，把商店里的货架洗劫一空。平均每 3 家商店中就有一家是空的，只能放下门帘暂时歇业。" 1940 年夏末与伊丽莎白·莫洛通信的那个人写道："这里所发生的一切，相当于无形的没收。看似温和，实际上就是抢劫。"

最终第三帝国的军队货币被逐步淘汰了，占领军领到的是当地的货币。但这并没有缓解占领货币已经损害的经济。德国人对钱的欲望难以满足，他们还寻找其他的资金来源。莫洛的朋友 8 月初的经历彻底地揭露了德国人极度贪婪的内在。他和他的夫人到银行提取已经到期的铁路债券。他们到达时被告知只能当着德国金融控制员的面打开贵重物品保管箱，结果被打发了回来。3 周后他们接到通知带上钥匙到银行。

这个贵重物品保管箱里的东西是他们一生的积蓄：为子女教育和他们将来退休积攒的钱和证券。转眼之间，大部分都没了。德国代表拿走了可以换取外汇的所有东

西：在荷兰矿业、通用汽车和通用电气的投资。然后一位珠宝商称了称并鉴定了他夫人的珠宝,交给银行经理,以备"第三帝国需要的时候用"。

德国代表解释说："今天发生的一切绝不是针对你个人,被占法国每一个银行的每一个贵重物品保管箱我们都是如此处理。这样做是有原因的。德国目前是根据休战协定管理法国的,但最终我们肯定会签订一系列和平条款,在这些条款中当然要有一条规定战败者必须用现金赔偿获胜者。"

这对目瞪口呆的夫妇已听不进任何解释,旁边一个隔间里有一位妇女在号啕大哭,她刚刚亲眼看到自己的积蓄消失在另一个第三帝国代表的口袋里。他们自己的财政官员提高了嗓门继续说："你们不要找借口拖延或隐瞒财产,战争结束之后,我们要把你们贵重物品保管箱里的东西和外汇银行存款加起来汇算,以了解本国的流动资本情况,这些必须掌握在我们手里才安全。"

由于担心可能以同样方式丢掉钱财,那些财产还没落入德国人手里的人发疯似的藏起了他们的值钱之物。家里的银器、珠宝、宝石、金币、股票和债券都被塞到地缝里,或埋在苹果树底下。人们到裁缝店里把夹克衫的肩部软垫拆掉,钉上用油处理过的丝绸包钱的袋子。耳环和项链放在烤面包的碱和泻盐里。有一个人费尽九牛二虎之力把所有纸币卷成铅笔状,小心翼翼地塞进打字机的纸筒架里。

哥本哈根一位抽雪茄烟的商人适应了汽油短缺的状况,下班回家时乘坐自行车,由他的司机蹬车。由于燃料限制不能用汽车,在占领的前6个月里,丹麦的自行车数量从175万增加到了380万辆。

175

　　德国人很快察觉了这些手段，开始采取行动打击他们。士兵们睁大双眼查看可疑的微微鼓起的房顶，那里的瓦片下面可能藏着钱财。他们巡视地面查看有没有新翻过的泥土。如果他们怀疑地被动过，他们就往地上灌水，用铁锹在湿土陷下去的地方开挖。

　　什么财产都不安全。"我去卢西乌斯登记了，都急死我了。"一个法国农民对一个熟人说。他刚按照德国有关统计农场牲畜的指示到村长那里登记了自己的那头猪。"我答应过把它的一部分给我儿子和媳妇，另一部分给女儿女婿。我们三家人都靠这一头猪，如果整个德国军队也插进来，我们还剩什么呢？"

　　1940年夏秋，几乎所有人都在问这个问题，因为

服从每月一次的当局命令，1940年秋天奥斯陆居民排队领取配给卡。

各种各样的普通供应品都没了，而且其中有许多很难找到替代品。肥皂全没了，家庭主妇们只能用碱液和汽油与硝碱一起合成洗涤剂，或用以前用于磨刀的砂砖磨掉衣服上的油污。新鞋很少，在法国屠杀的动物皮都保存起来为德军做鞋用。长筒袜也几乎买不到。一位法国人说，在无数次抱怨之后，法国妇女学会了"美国女生的裸腿时尚"。私人汽车几乎全被没收；即使有还没被没收的平民汽车也没燃料。

在丹麦至少允许汽车的主人保留自己的汽车，哥本哈根卡尔斯巴德啤酒公司的老板在没有汽油的情况下用两匹马拖拉他的劳斯莱斯，引得其他车主纷纷效仿。在欧洲的其他城市，自行车和四轮滑板再次复兴。类似于旧式西方人力车的自行车出租车代替了汽车出租车。

最大的也是最严重的短缺是食品。在法国，人们发现他们要变戏法似的用几个不同的配给卡才能买到最普通的日常生活用品（肉、酒、黄油、面包、果脯、纺织品和香烟）。但谁也不能保证配给卡上的商品天天能买到。尤其是城市居民发现可能要排上一整天的队才能买到一天的口粮，这就为老年人和无业者创造了一种工作机会，即站着排队等候购物的机会。付他们一点小钱，就可以雇他们排队领出配给，这可不是简单的事，有时候为一个三口之家领取配给品就要排一连串的队，花5个多小时。罐头食品一开始并没列入配给之列，但即使这样人们都没法囤下多一天量的罐头。有一种简单但有

效的办法防止人们储藏罐头食品：食品店在出售时会在每个罐头盖上打一个孔眼，从而保证里面的食品必须快速用完。

有的食品几乎马上就消失了。占领最初几个月生活在巴黎的匈牙利作家皮特·德·波罗内注意到了可食商

格勒诺布尔的居民排队从全国救援组织的食品篮里领取食品。全国救援组织是一个法国私人救援基金，向没有办法维持生计的人提供帮助。

品逐渐减少的独特模式。"第一种消失的是脂油类产品，"他回忆道，"德国人看到黄油就像狗追自己的尾巴一样兴奋。土豆其次，油紧随其后。与猪肉有关的东西也消失了。"不久食品店的窗户上就贴出告示："没土豆，没油，没肉。"到了9月中旬，巴黎人到食品店时只能看到简短的通知："什么货品都没了。"

德国控制的媒体厚颜无耻地大量报道货物短缺的情况，指责英国的封锁造成了食品和其他商品短缺，指责英国人故意要让欧洲人民挨饿。少数热切的德国辩护者相信了他们读到的东西。皮特·德·波罗内和他的法国朋友在看到无一例外的肥胖德国人和臀部臃肿的德国夫人们时说："没什么了？黄油、肉、土豆和大尺寸的长筒袜。一目了然。"

但是，占领后的物资掠夺似乎是可以忍受的——至少在第一年是如此。在被占领4个月后一位法国人写道："我们事实上并不饿，虽然如果能再多吃点肯定更开心。我从所遇到的人身上也看不出生活变槽的迹象。虽然食物有些短缺，但我们也还没到营养不良的地步。我的孩子们对工作和娱乐的热情很高，劲头十足。人们处于一种体育教练们常说的'体重减得恰到好处的状态'。"

的确，巴黎的女人们从来没有像她们在占领岁月里那么漂亮，由于饮食不足，每天不停地走路和骑自行车，她们十分苗条。只有法国人能这样，穿着战时服装却仍然表现出难以形容的时尚。没有了乌烟瘴气的汽车，在宽阔的大街上一眼可以望尽两面的美丽景色,空气清新,公园和花园香气四溢。电影院和夜总会照常开放,一些旧式的消遣方式,比如去教堂,似乎又开始重新流行起来。"有一天我们去了教堂,"伊丽莎白·莫洛的朋友写道,"大家都去了,总要找点事情做。两英里的步行有益于血液循环。"

配给制度和食品短缺或许为幽默提供了精神食粮,也为困难时期的友谊提供了坚实的基础,但生活之地突然变成一个警察国家,这对人们的心理造成的影响就大不一样了。对于过去总体上享有隐私自由、行动和言论均不受限制的人民而言,日常生活中无处不在的控制十分折磨人心。人们必须随身携带各种文件:身份证、兵役应征卡、工作证和配给证。由于实行了宵禁,加上实际上取消了民用交通,人们的行动受到了更加严格的控制。日常生活中无处不在的不确定因素同样令人感觉深受限制。准许本地官僚机构如常运行所营造出的表面假象掩盖了德国人实行严密监控的真实面目。人们很难察觉出德国人具体扮演了什么角色、拥有什么权力,或者控制到了什么程度。本地政府和官员一反常态,变得极其善变,事实上,他们只是迫于压力,必须听从隐藏于幕后的德国人的指令行事而已。

比如,司法系统按以往熟悉的流程履行工作,但是德国警察有权修改审判意见。他们把法庭程序变成了某种抽签仪式,被告没法知道会被判处什么刑罚,也无从判断判刑是否成立。而且，犯轻罪的被告反而会更加担心，因为与介入更严重的惩罚相比，德国人更可能介入和增加较轻的罪行。

其至连最无懈可击的守法者也会因为一点小错而被逮捕和受到任意的惩罚。这些小错可能包括违背了宵禁令，不经意地走到了城镇的另一部分，说错了话。1940年12月，据说一个16岁的挪威青年因在衣领上戴了象征抵抗的回形针而被捕，之后被带到吉斯林的纳粹党总部，剥光上衣，狠狠地打了一顿。这个事件激起了全体挪威人的愤慨。

1940年的一天，一名叫彼特·德·波罗内的清洁女工惊慌不堪地到达了雇主的公寓。那天早上她的一个朋友在一家食品杂货店排队，突然一辆满载着德国兵的汽车开了过来。像以往一样，在德国人进杂货店的时候队伍让开了一条道。不久他们提着大包小包地走了出来，店主关上了门，挂出了人们再熟悉不过的"无货供应"牌子。"可恶的德国佬。"那位清洁女工的朋友低声说，这是一句普通的粗话。几分钟后，两个便衣来了，挤进仍在店前排队的人群。他们把那个女人带到了一个德军宿营地，逼她擦了500双军靴，并警告她如果下一次她还敢污辱德国人的话就把她送进监狱。

到那年底，在每个被占领的欧洲国家里似乎每个人都听说过几十个类似的故事，但德国控制的媒体里却极少报道这些事件。报纸、电台和电影院都受到了严格审

查。通常情况下唯一没被审查的消息来源是地下秘密报纸字迹模糊的报道。它们哪都有，但正如法国人说的那样，它们"比房子里的毒蛇还危险"。邮件也受到审查，有时还禁止通邮。法国被占领和未被占领的地区居民之间允许的唯一私人书面通信是印刷的明信片，上面有多项选择，如"我们很好／不好。"寄信人把不符合实情的部分划掉就可以寄出。

报刊若想经营下去，就不能刊登对德国不利的消息，不然就会受到严厉的惩罚，即使在管控相对较宽容的"模范保护国"丹麦也是如此。德国人到那里几个月之后，哥本哈根一家报社的编辑贡纳尔·黑尔维格·拉尔森刊

德国兵检查几位骑自行车经过法国维希政府和被占领地区之间边境的人的身份证。15 岁以上的人如果不能出示盖有手印的有效证件都可能被关进监狱。

发了一篇文章，说丹麦的一个小森林出现了一种特别贪吃的蛆。他还从百科全书上摘下来几篇关于这种寄生虫的文章并登了出来。碰巧的是，这种寄生虫原产于普鲁士。显然在已知的办法中还没有一种能够消灭这种寄生虫。但如果任其发展，这种寄生虫将吃光树林里所有的东西，然后饿死。第二年树林会重新像以前一样绿树成荫。德国人自然而然地对号入座了，拉尔森因此丢掉了饭碗。

德国对所有通信方式的管制催生了一种难以言状的无所适从和孤立。"只有在被占领的法国你才能理解密封的德国棺材的感觉。"彼特·德·波罗内写道。伊丽莎白·莫洛的朋友也曾写过，因为没有言论自由，缺乏事实新闻报道，人们的精神不再丰沛，逐渐干涸。"就像输血那样微妙、那样熟练、那样不易察觉，德国人正悄然地改造着法国人脑子里奔涌的思绪。法国几乎没有意识到德国对她所做的一切，成了新闻条件反射和观念条件反射的牺牲品，德国人正如影响建筑物温度的空调一样悄无声息地改变着法国的知识氛围。"在巴黎住了一段时间之后，他写道："大街上弥漫的漠然绝不是法国人的本性。这是不正常的、带有预示性的、可怕的。"

德国士兵开始觉察到巴黎特别可怕。"我一直听人们说巴黎是世界上最快乐的城市，一个你可以在这里度过愉快时光的城市。但我必须说它是世界上最令人沮丧的城市，"纳粹国防军中士格特弗里德·莱斯克1940年到巴黎度假后在日记中这样写道，"街上行路的每一个人都脸色阴沉、让人讨厌。"他还接着抱怨法国食品的质量,严厉批评法国人抱怨煤炭短缺和排队购买食品。"他们似乎认为这是难以忍受的事情,"他讽刺说,"毕竟对他们来说什么事都没发生。我的意思是他们没挨过炸弹。"据莱斯克中士说,"总而言之,巴黎让人失望。特别失望"。

对许多其他德国士兵来说,1940 年的冬天比失望还糟。它实际上已经变得吓人。那年秋天纳粹国防军没能赢得对大不列颠的战争,德国军队没有前一年那样不可一世,平民百姓对无处不在的德军灰色制服十分厌烦。双方的脾气都很暴躁。德国做出的正确亲善已经消失,欧洲被占领的人民的仇视情绪日盛。德国人在饭店里得到的服务很差,在大街上越来越多地受到怠慢。据说偶尔还有人向他们打冷枪。

"德国士兵被枪杀的故事传遍全城。"彼特·德·波罗内说,一开始,他很怀疑这些传闻的真实性,但是有一天晚上他坐在当地的一家酒吧里,看到一个德国士兵正磨磨蹭蹭地准备离开。这个德国士兵穿上大衣戴上帽子后,犹犹豫豫地站在门口。最后他怕一个人走到外面,只好请酒吧老板送他到外面的车上。他的车就停在酒吧外面的广场上。

到 1941 年,事实证明,德国对欧洲前途的许诺成了一纸空文。征服战原被当作是创立新的欧洲社会的前奏,将工农业经济融为一体,把他们从对海外供应的依

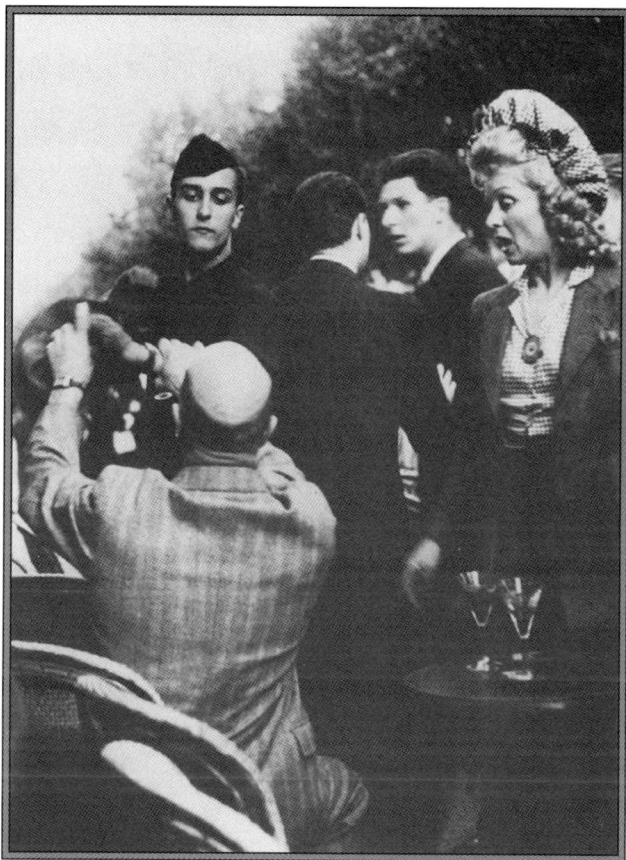

1943 年在香榭丽舍大道举行法西斯阅兵时，一位身穿法西斯军服、满脸讥讽的法国人把一位拒绝起立的巴黎人的帽子夺了过去。随着占领时间的延长，亲德国和反德国派别之间的关系日趋紧张。

赖中解放出来。理论上，这个计划把西欧与德国放在了同等的地位上。希特勒的新闻官奥托·狄特里希 1941 年说，元首所谓的新欧洲的"精神基础"将催生一个"由各种族组成的有机国家整体。"

但到此时，明目张胆地对西欧国家进行经济剥削让人明显地看到，在欧洲团结的舆论背后是完全不同的现实。希特勒私底下曾说过战争的目标是"财富暴涨"，

185

再一次准确地说明了这一点。甚至连最热情支持新欧洲
经济社会的人都能看出希特勒说到欧洲的时候，他指的
是大德意志帝国，被占领国家的人民被降为劣等民族，
只配生活在贫穷当中。

　　似乎是为了激化冲突，1940 年的冬天来得很早，
这也是欧洲几十年里最冷的冬天。巴黎有 70 天的时间
气温在零摄氏度以下。取暖油买不到，煤成了最紧俏的
商品。人们翻捡垃圾堆，沿着火车轨道找寻宝贵的小煤
块。有的人用纸浆当燃料，或把木屑装进油漆桶里，在
木材炉上燃烧为家里供暖。

　　一份法国期刊总结了
人们经常使用的一些小窍
门："最好的解决办法是
待在床上，戴着一双皮手
套，穿一件高圆翻领毛衣，
甚至可以戴最时尚的设计
师们推荐的睡帽。过去星
期天散步经常去电影院或
博物馆，现在则去地铁的
长椅上，在地底下的温暖
怀抱里坐一坐。有的人去
医院，有的去绿色植物温
室或动物园里的猴房。其
他人则发现没有比银行大

1940 年一位巴黎
报童在叫卖一份德国
报纸，上面有德国军
官的照片。官方的法
国报纸只能刊登源自
德国控制的机构的新
闻，但到 1944 年整个
法国有 1200 多种地下
报纸在宣传反法西斯
信息。

1943 年 11 月，哈当杰区的挪威人举行了一次具有讽刺意味的送葬活动，队伍中有小提琴演奏家和马拉的"灵车"，向占领官们送交刚刚被禁止的收音机。

厅更好的地方了。"

温暖天气到来的时候，生活并没有多大改善。的确，从总体上来说，由于德国 6 月入侵苏联，一切变得更糟了。德国人原指望速战速决。但是当下一个冬天来到，东线军队陷入俄罗斯的大雪当中，显然，闪电战已经终结。德国预计将面临一场持续几个月的持久战，前线对武器和食品的需求持续上升，德国已无力自给自足，只能提高对被占领国的供应要求，而这无疑增添了这些国家平民百姓的负担与痛苦。

"食品是那些岁月里最让人苦恼的事情，"德国占领期间一个叫吉勒·佩罗的男子回忆说，"食品是人们

187

从早到晚想得最多的事情，甚至在梦里我们想的依然是它。"另一位巴黎人回忆了一天晚上看电影的经历。这是一部老电影，其中有一个宴会的场面。当摆满食品的桌子出现在银幕上时，全场的观众都站了起来，热烈鼓掌叫好。

交通系统的问题使食品短缺雪上加霜。由于长期缺少燃料、橡胶和包括机车、车厢在内的全部车辆，仅有的一点食品也没办法分销出去，有的干脆在路边等候运输时就烂掉了。越来越多的人被迫成了素食者。对于那些住在城里的人来说，唯一能够买到的肉食是城市豢养的几种可怜的小动物：公园里关在笼子里的鸽子，屋顶上养的兔子，或者小笼子里养的昵称小胖墩的荷兰猪。许多猫从街上消失了，进了人们的炒锅，官方只好发出警告，说吃猫肉危险。"吃猫肉的人注意！"1941 年 10 月 31 日巴黎的一份报纸刊登的告示说。文章解释说，由于猫吃带病菌的老鼠，它们的身体带有能对人类构

其他地方的挪威人也服从同样的命令，向德国的收集中心交出自己的收音机。

成严重威胁的病菌。这则告示没有什么效果。人们太饿了，猫肉交易越来越红火。

到 1942 年，被占领区的大多数人获得的热量只有战前的 2/3 到 1/2。孩子们营养不良，发育受到了影响。1944 年对巴黎最穷的一个街区的 14 岁儿童做的一次调查发现，男孩比他们的同龄人的平均身高矮 3 英寸，女孩比她们的同龄人的平均身高矮 4 英寸。佛兰芒救济局医疗部的一份报告评论说，与过去很长一段时期相比，目前比利时全国范围内大部分人摄取的饮食营养极其不足且极度不均衡。"

长期的营养不良后果波及全社会。工业事故大量增加，对疾病的自然抵抗力下降，发病率上升，传染病到了肆虐的地步。当时没有什么药能够治愈传染病。结核病更加盛行，被占领期间巴黎死于结核病的人比战前多两倍；1943 年，小儿麻痹症横扫荷兰；一年之后一种恶性白喉病在全国蔓延。在所有被占领的国家，穷人、老人和体弱的人最容易受到影响。到 1942 年 1 月，巴黎的死亡率比 1932 年到 1938 年之间的平均数高出 46%。战后估计至少有 15 万法国人的死与营养不良有关。

避免饥饿的办法之一是到黑市上用高于官价 10 ~ 12 倍的价钱买一些供应品补充合法的配给品。但由于总体上薪水保持在战前的水平，大部分人没有钱买黑市上的食品。1943 年对 2729 户挣工资的法国家庭做了一项调查，发现每个家庭成员每月的平均工资约为 876 法郎，只够到黑市上买 4 磅半黄油。据估算，巴黎人收入的 71% 花在了食品上面。其他黑市商品也需要从家庭收入中支出。在比利时，一把牙刷的价格比战前贵 23 倍；一件棉衬衫要贵 1400 倍。香皂的价格比战前高 85 ～ 90 倍；百洁布和洗衣粉比以前贵 20 ～ 40 倍。

贫穷在蔓延，随之而来的是社会弊病，孩子无人照管，少年犯罪普遍。曾经以守法闻名的荷兰在 1942 年的犯罪率上升了 3 倍。在一些地方，由于生活艰难，妓女增加了 10 倍。此时最常见的犯罪方式是黑市交易。1942 年，法国农民将 1/3 的黄油、鸡蛋和猪肉拿到黑市上出售，1/4 的土豆和一半的鸡亦是如此。1943 年，法国共宰杀并加工了 115 万吨肉；只有 19.1 万吨进入了合法的市场。比利时经济学家拉乌尔·米里写道，在他的国家非法交易非常猖獗，"得到了不论职位、贫富、职业、社会地位的全体公民的一致默许，这种超越法律的行为即刻成了全国性特征。"

地下经济的结果加剧了短缺，大多数人的生活更加艰难，他们被迫把非常有限的资金用于购买价格疯涨的生活必需品。与此同时，能够买得起的一小撮人过着皇室一样的生活。德国军官、通敌卖国者和挥金如土的黑市交易者在饭桌上大吃大喝，法国作家让·戈尔蒂尔·博西埃有一天晚上在一个很时髦的巴黎饭店用过晚餐后尖刻地写道："餐厅里人头攒动，好像是一个军衔比较高的德国大兵，法德报纸的头目韦伯中校在请朋友们喝香槟，没有限量，禁止食用的牛排藏在煎鸡蛋底下。最美的酒香味四溢。在新秩序里有钱有势的人就是高人一等。只要有现金，大量的现金，你就可以爱吃什么就吃什么，而家庭主妇们却在雪地里站着买一点芜菁菜。"

除了食品短缺以外，占领期间大量的物资短缺和战争的其他紧急情况加在一起在各个方面改变了人们的日常生活方式。由于交通越来越困难，停电和宵禁把人们困在了家里，生活越来越以家庭为中心。由于撤离和越来越严重的住房短缺，许多亲戚挤住在一个屋子里，住房变得越来越拥挤。冬天许多家庭住在一间屋子里，最大限度地利用能够得到的热量。

"周末外出当然没有问题，"一位叫吉勒·佩罗的巴黎人回忆说，"但是请朋友吃晚饭不要他们出食品券就等于牺牲全家至关重要的营养。因此我们宁愿待在家里，和家人们在一起。有的人没完没了地打牌。读书成了异常普遍的一件事。裹在一层层的羊毛制品里，戴着手套，夜幕一降临我们就读书，窗户紧闭，将敌对的世界隔在外面。任何一本书一印出来就一售而空，1943年的图书发行量巨大，法国出版的图书数量相当于美国和英国的总和，但由于纸张供应短缺，仍然不够。越来越多的人如饥似渴地从联邦图书馆里借阅；书商们眼看着人们争先恐后地抢购他们的旧书。"

欧洲各地的人们亟需一些消遣来分散自己对现实的

注意力。荷兰和法国一样，也出现了一股购书热，尤其是历史书和旅游文学以及课本。虽然商业娱乐的种类和质量下降了，但 1941 年到 1943 年荷兰人看电影和观看体育赛事的人数却增加了一倍。

总而言之，随着时间的推移，日常生活里的折磨和心理上的屈辱感使人们日趋压抑和紧张，而这些消遣也只能是略微缓解一下而已。"大街上到处是机械般行动的人，"法国日记作者艾尔福雷德·法布雷·吕斯写道，"柔弱的肩膀背着沉重的包裹和手提箱腰都直不起来；老人们骑着二手自行车，身体拘谨，表情焦虑，手紧握着车把好像在完成一项英雄壮举。那些什么办法都没有的人和没法以物易物的人只能学会在极端的情况下屈辱忍让。人们排几个小时的队填表格，把文件集中到一起，签上自己不是犹太人，如此屈辱下，破碎的自尊心绝无可能快速恢复。"

对不幸的犹太人来说，日常生活就更难了。各被占领国采取的压制性反犹太措施既加大了他们日常生活的难度，也剥夺了他们仅有的几种缓解生活困苦的消遣方式。1942 年 6 月 20 日，13 岁的安妮·弗兰克在日记中多次谈到了阿姆斯特丹当时执行的一长串反犹太法规。"犹太人必须戴六芒星。犹太人必须交出自行车。犹太人不得坐电车，不得自己开车。犹太人只准在 3 点到 5 点购物，而且只能在挂着标识的犹太商店里购物。晚 8 点前犹太人必须回到室内，过了这个时间连在自己的花

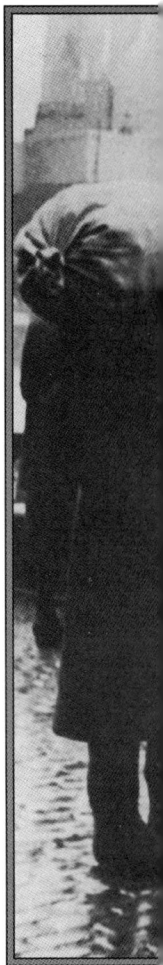

利用战时冬天缺货，奸商们在布鲁塞尔的一个小车站等车，随身带着大量的货物准备到黑市上出售。

园坐一下都不行。严禁犹太人去剧院、电影院和其他娱乐场所。犹太人不得参加公共体育活动。游泳池、网球场、曲棍球场等体育场所一概不许他们入内。犹太人不能看望基督徒。犹太人必须上犹太学校，还有许许多多此类的限制。"

4天后她厌倦地写道："天气像蒸笼一样热，我们都快融化了，这么热的天气我还得到处走。现在我完全理解有轨电车是多么美好的事物；但对犹太人来说这是禁乘的奢侈品——步行对我们来说就够好的了。"

雅内·泰西西尔·迪克罗，一位法国科学家的妻子讲过一件能够区分她和其他犹太人生活的可悲小事。"我站在一家菜店门前一眼望不到头的队伍里。天气又冷又潮，疲惫的人们站在长长的队伍里向前缓慢地移动着。突然之间一个穿着薄黑衣、戴着六芒星的矮个老太太谦逊地走了过来，站在人行道上犹犹豫豫。此前我从来没有留意过他们应该怎么做。但是队伍里的人一看到她就招呼她加入到我们中间。就像儿童的找拖鞋游戏一样秘密和快速，她向前移动着，直到站在队伍的最前头。欣慰的是，没有一个人提出抗议，站在附近的警察也把头转向了另一边，她比我们都先买到了菜。"

不幸的是，那些岁月里欧洲没有几个犹太人能指望这样的善良和体贴周到。严苛的法规不仅使他们的生活过得异常艰难，而且也把他们与其他同胞们完全隔离开来。许多非犹太人私底下同情犹太人，但没几个人敢于冒哪怕提供一点点帮助所带来的风险。对于正遭受迫害的犹太人，有些非犹太人表现得无动于衷，甚至充满敌意。有一次，警察上门逮捕一位法国犹太妇女和她的四个子女，"我们走出屋子，我推着小童车，4个孩子紧紧地拉着我，因为被警察带走而感到害怕和丢脸。我们的衣服上戴着六芒星。人们瞪着我们。我不知道他们在想什么。他们表情空洞，显然无动于衷。一位妇女大叫：'干得好，干得好，他们都该下地狱！'孩子们蜷缩在我的身边，不知所措。"

到1941年底针对犹太人的迫害仍在继续，无人知晓他们的命运最终会走向何方。即使在希特勒的内部小圈子里，大部分对付西欧犹太人的长远计划也仍然集中在把他们运往海外。但1941年7月，党卫队秘密警察头目莱因哈德·海德里希开始准备一份准备第二年1月在柏林郊区万塞部长会议上提交的报告。海因里希的"最后解决方案"呼吁有计划有步骤地把被占领的西方国家的犹太人运往东方的死亡集中营，全面消灭欧洲的犹太人。

到1942年春天，家畜运载火车拉着可怜的"货物"驶离被占欧洲的各个角落。到6月，安妮·弗兰克还在为学校的分数苦恼的时候，大规模驱逐其犹太同胞的工作已经在紧张有序地进行。同年底，4万名犹太人被运送了出去，骗他们说是到德国工作，实际上是去干重体力劳动，然后送到奥斯维辛处死。法国约有4.2万名犹太人被送往死亡集中营，比利时有1.5万名犹太人。

他们的命运没人确切知道，但传言很快遍及西欧。1942年7月，流亡伦敦的前波兰总理斯坦尼斯拉夫·米科瓦伊奇克在一次广播讲话中详细介绍了死亡集中营的情况。大部分人不信这份报告，认为那是战争宣传，但它引起了成千上万犹太人家庭的警惕，他们趁早躲藏了起来。

一位犹太女孩离开荷兰韦斯特博克流放营，可能在去死亡集中营的路上，从火车车厢里悲伤地向外面张望着。

更多的犹太人仍然没有明白对他们而言欧洲此时已经成了一个危险的所在，他们继续一丝不苟地遵纪守法，满心希望这样做可以让他们安然度过被占领的岁月。1930年移居巴黎的罗森布卢姆一家就是一个典型。1942年7月16日巴黎逮捕了12884名犹太人的"大围捕"

之夜，法国警察敲他们的门，罗森布卢姆一家被告知此行很简单，只是要集中查验他们的证件，而且警察给了他们三个小时准备此行所需的行李。一家人信以为真，毫不犹豫地服从了。"我的父母都很温顺、唯唯诺诺；他们是非常正直的人，"当时才 10 岁的吉特拉·罗森布卢姆回忆说，"他们没做什么错事，也没有什么可以指责他们的。所以他们留在家里，穿装打扮齐整，还准备了一个小包裹。我的父亲到犹太教堂取了一部希伯来圣经手抄本，一个虔诚的犹太人出门时通常要带一本。"

宪兵回来时，罗森布卢姆一家被带到了一个集中地，被押上了公共汽车，开到了巴黎郊区，与冬季赛车场里

1943 年在像韦斯特博克这样的地方，犹太人经常被押上货车带到东欧的死亡集中营。

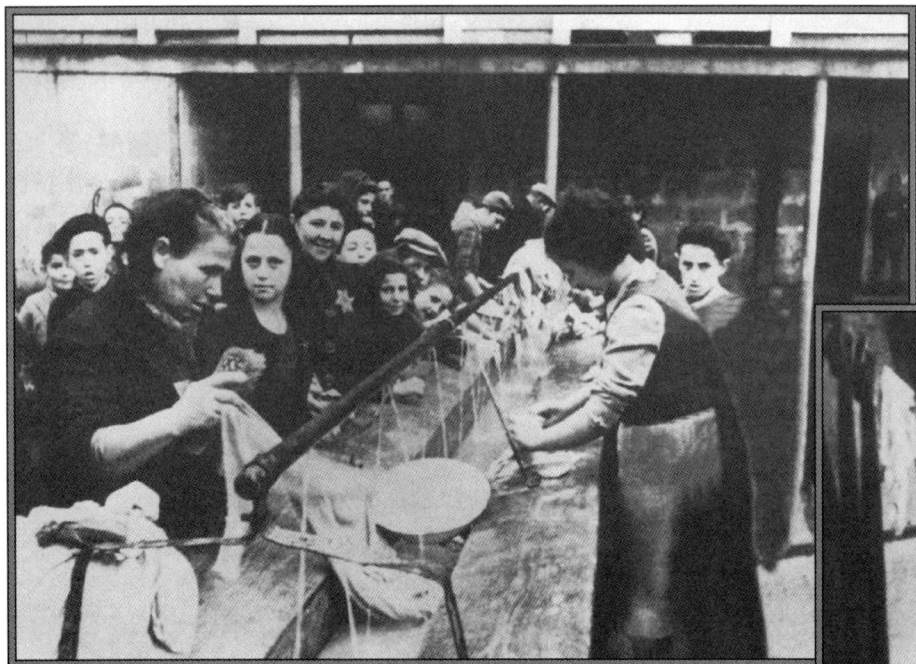

的可怜的人们会合。8天后，冬季赛车场空空如也，里面的人都被用牲畜运输车送到了皮蒂维耶、博讷拉罗朗德和德朗西流放营，此后3年这里成了法国通往死亡的大门。

罗森布卢姆一家被带到了皮蒂维耶集中营，吉特拉的父亲和哥哥被立即带到了集中营的另一部分。几周后吉特拉和5岁的莎拉被从母亲和姐姐身边分开。吉特拉在全家人离开皮蒂维耶时看了他们最后一眼，她父亲和哥哥与其他男人一样都理光了头。"他们准备出发去奥斯维辛。我能看到集体点名。我父亲留过胡须，那也被刮光了，那个情景十分可怖。他们被带上了没人知道终

法国德朗西流放营
里被关押的人们在室外
的水槽里做清洗工作。
（左图）

在德朗西每个房间住60人。1941年到1944年间约7万犹太人
在这座肮脏的集中营里待过。

点的旅途。他们当中没一个人活着回来。"

吉特拉和莎拉被转移到了德朗西，与已经见过家人被流放的孩子们集中在一起。1942 年 7 月到 8 月，4000 名犹太儿童集中在德朗西。这些孩子从婴儿到 12 岁不等，所谓的"最后解决方案"令他们中的许多人变成了孤儿。"就像牲畜一样被人从院子中间的公共汽车上扔下来。"一位被关者回忆着每次见到新来者的情景。在痛苦之下，他们伤心欲绝地叫喊着。集中营官员想使这种混乱局面恢复一点秩序，他尝试在运走孩子之前把每个孩子登记造册，但是许多孩子太小还不知道自己的名字，在名册上只能以问号来标记他们。那些大孩子知道自己将被送往某个地方，他们为自己的目的地起了名字叫"皮切波伊"。

一位叫安妮特·莫奈德的红十字会工作人员帮助一位 7 岁的小孩给他认识的唯一健在的人，他们公寓的看门人，写了一封信："看门人夫人，我给您写信，因为我没有别的亲人了。上周，爸爸被驱逐了，妈妈被驱逐了。我丢了钱包。我一无所有了。"

后来，莫奈德留在了她救助的少年身边，因为他们一帮人被集中起来准备带到火车上。一位宪兵想点一下名。但孩子们不明白要他们干什么，她写道，叫到他们的名字时也没回答。几个年龄较小的孩子还离开了队伍。有一个小男孩走到宪兵面前，被他锃亮的口哨吸引住了；有一个小女孩走到大堤上去采了一些花。最后警察只好放弃，不再点名而是数人头，以保证当天的人数都齐了。

莫奈德强忍眼泪，陪着这些孩子们到了火车站。每个孩子都拿着一包自己的物品。"我们在的地方离火车站只有约 200 米，但由于这些笨重的包裹这段距离对这些小孩子们来说并不近。这时我看到一个宪兵帮一个四五岁的小男孩拿着包裹，好让这个男孩走得更方便些。但一位中尉反对，对这位宪兵叫嚷说，穿制服的法国人从不帮犹太人拿东西。这位宪兵羞愧难当，把包裹还给了那个小男孩。我跟随着这支队伍，我的心很痛，不忍离开这些我才照料了几周的小孩子。"

这些小孩子们到达火车站出发站台的时候，莫奈德注意到火车站上面的过道上站着一位德国卫兵，用机枪瞄准了孩子们。"后来上火车时大家的焦虑变成了狂躁。货车车厢没有脚踏板，许多孩子太小上不去。大孩子先爬进去，然后往上拉小孩子。宪兵也伸出了手，把最小的小孩子抱在怀里，递给已经上了车的人。"后来，孩子们意识到他们要离开了，个个吓得脸色煞白。他们开始哭泣，呼喊社工甚至叫宪兵帮助他们。

莫奈德回忆说有一个 5 岁的小男孩哭着说他要上厕所。"求我帮他，他叫着说，'我要下去，我要再看一眼那位女士，我不想在这里尿尿。我要那位女士帮我'。"货车的门已经关上而且锁上了，小男孩哭着，乞求似的把手从门板中间的缝隙伸出来，继续哭着叫莫奈德。后来中尉打了他的小手，才缩回了车厢里。

　　吉特拉和莎拉·罗森布卢姆比较幸运，没有遭遇那个小男孩的悲惨命运，因为他们的一位叔叔被认定为在毛皮贸易方面是"经济上有价值的"工人，所以仍是自由身，他费尽心力托人找关系保住了两个孩子。两个女孩获释了，被带到未被占领的地区，安置在一个农民家里，由一个长期拯救犹太儿童的慈善组织付钱给他们照管这姐妹俩。

　　此后的 3 年里，有 7.5 万名不同年龄的犹太人被从法国驱逐，这种催人泪下的情景比比皆是。犹太儿童被藏在了法国各地，就像以前把股票、债券和家里的金银细软扔到井里或藏在房顶的瓦底下一样。有的孩子被送到农民家里；有的在相对安全的未被占领地区的孤儿院里找到了避身之处。

　　但到了 1943 年秋，德国占领了全法国之后，即使这些最隐蔽的场所也很危险。随着时间一个月一个月地过去，越来越多的迹象显示，德国将输掉这场战争，德国人似乎在用一种疯狂的办法把他们的怨恨发泄到了平民百姓身上。占领者在与西部卫星国打交道时早就撕掉了表面上仁善的假面具，但此时恐怖活动越来越随意。强征劳动力的触角进一步深入社会的每个角落，对抵抗活动采取了更加严厉的压制，同时加紧了对犹太人的清洗运动。

　　1944 年春，早因折磨抵抗运动领导人烈士让·穆兰而臭名昭著的里昂盖世太保头目克劳斯·巴比下令立

在从维希法国的一个拘留营获释之后，孩子们在法国一个城镇的犹太少年之家沐浴着夏日的阳光笑逐颜开。第二年春天，在盖世太保的命令下，这里的44名居民以及他们的6位监护人被驱逐和用毒气毒死。

即处决他管辖下的监狱犯人。后来，在4月6日，似乎是为了找出新的牺牲品，他下令关闭伊济约邻村一个小规模的儿童之家。第二天，44名孩子和成年社会工作者被带到德朗西；几周之内，除了一名社会工作者，他们全部在奥斯维辛被毒气毒死。

随着纳粹暴行的升级，手头还有收音机的人时刻关注英国广播公司的广播，从传给抵抗运动的"潮水般的"私人信息当中激动地推测出盟军即将登陆。"我们虔诚地收听充满暗喻的诗歌中的密语，"吉勒·佩罗回忆说，"'月球上到处是绿色的大象'很可能指的是空降作战行动，'维纳斯有一个漂亮的肚脐'，'河马不是食肉的’，‘特丽莎终在沉睡’这些诗句可能是在暗示要发生什么事。”

“后来我们必须相信他们就要来了，因为我们不能再这样下去。什么供应都没了。很多次，我们以为我们已经被逼到了极点，但事实证明，他们总还有更残酷的手段。盟军的飞机已经把铁路和公路交通炸成了一截一截的。市场上很难看到蔬菜，做饭也成了问题，原先在吃饭的时间还有煤气供应，后来干脆全停了。没完没了地断电。一半地铁永久性关闭。敌人疯狂地加强了围捕。如果在电影院里发现你没带证件你就会被捕，不经审判就被押上前往德国的运牛车。”

后来，6月6日，佩罗看到他所在的街上有3个窗户被同时打开了。两个女的和一个男的异口同声地大喊：“英国人登陆了”。虽然非常激动，但巴黎人仍然生活在正垂死挣扎的德国人的疯狂报复当中。德国人充分掌握着毁灭的能力，他们纵火烧毁建筑，大量屠杀监狱里的犯人。盟军登陆一天后，听到人们口头传说为了报复一位党卫队军官被杀一事，奥拉多尔絮格兰村被全部毁灭，639名村民被全部屠杀时，巴黎人既惊讶又悲痛。

更糟的是，持续已久的食品短缺最终发展成一场灾难。全城的供应只有几十辆卡车运送，它们要面对盟军轰炸机不停地轰炸的危险。每辆卡车上挂着一面白旗，有两个监视哨兵平躺在汽车前面的防护板上。每个监视哨兵手里抓着一根绳子头，另一头系在驾驶员的胳膊上。

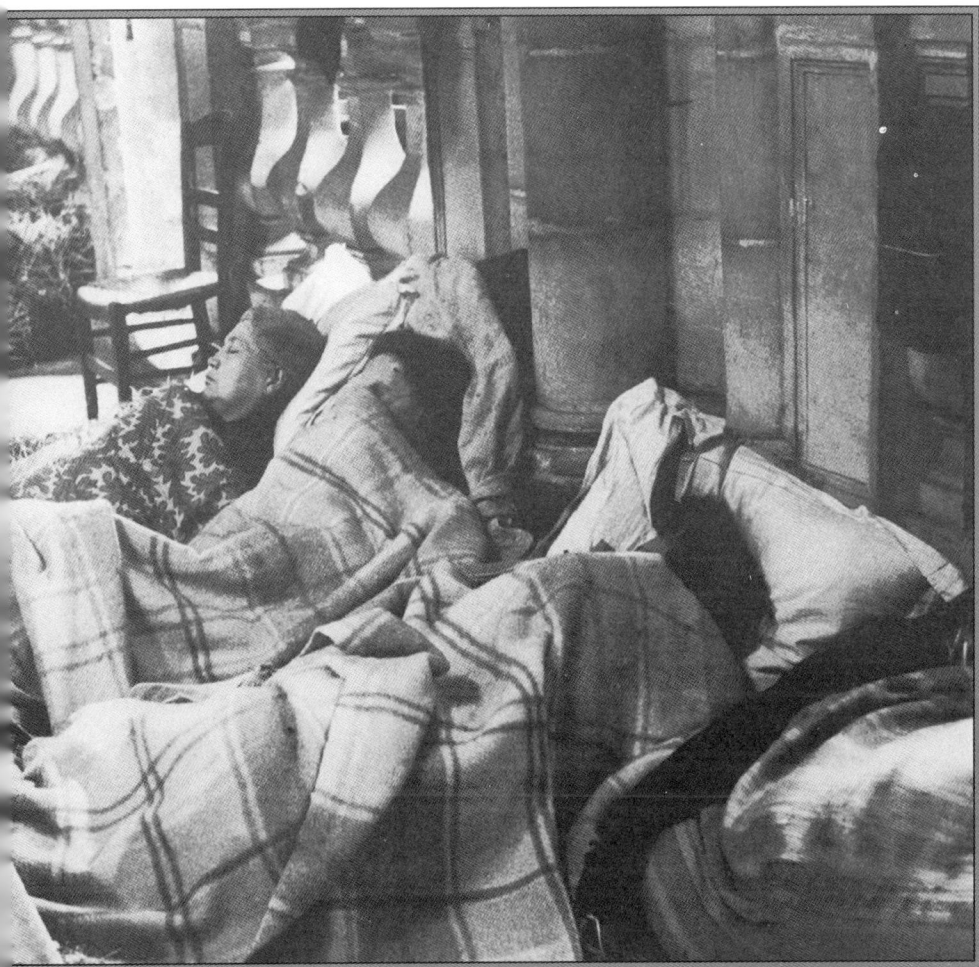

1944年的战火使这些难民无家可归，他们在被严重轰炸的卡昂城里的教堂草堆上席地而卧，除了祈祷并没别的办法能够保护他们不受周围笼罩的战火的侵扰。

发现飞机后就拉一下绳子，给驾驶员发信号，踩制动器，汽车经常掉进路边的沟里。由于损失很大，愿意白天驾车的志愿者越来越少，食品供应更加紧张。"我们在忍饥挨饿。4年了，1943年的蔬菜依然非常昂贵。"

此时的巴黎正处夏末，已在解放的前夕，但其他地方的人们还在忍受着可怕的寒冬。那一年的年底，一份德国报纸的编辑为欧洲统一的老论调辩护道："我们跨越国境并不为盲目的征服，我们是作为新秩序和新正义的使者而来的。"

但事实是，被战火蹂躏的国家忍受了德国长达 5 年的残暴统治，纳粹德国的墓志铭已经清晰地烙刻在这些国家的土地上。

挪威被烧焦的土地

　　1944 年 10 月 28 日，阿道夫·希特勒下令全面破坏挪威的芬马克地区，以便在纳粹国防军撤退时减缓苏联的紧追。对挪威最北部的芬马克居民来说，希特勒的命令下达的正是最糟糕的时候。当地气温已降到零摄氏度以下，广阔的平原布满了霜冻。用德国帝国专员约瑟夫·特博文的话来说，选择留下来的人"在没有房屋或食品的情况下可能冻死在北极地区"。

　　清洗芬马克人的工作交给了德国第 20 山地军。自 9 月份以来，20 万部队准备从已经深入的苏联突出部撤出。东线的一系列被动局面终于使希特勒下定决心缩短战线，撤到被占领的挪威。为阻止苏联在芬马克取得落脚点，希特勒命令该部队总司令洛塔尔·伦杜利奇赶走当地居民，在军队撤退之后烧毁土地。

　　在伦杜利奇的指挥下，特别军事烧毁队横扫芬马克的村庄，把惊慌失措的村民从家里赶出来，纵火焚烧建筑物，宰杀牲畜供部队享用，把宝贵的供应品扔到冰天雪地里。成千上万的芬马克居民被赶到没收的挪威渔船或卡车上运往南方，或者迫使他们与撤退的部队一起走。

　　还有成千上万的居民逃到了乡村，有的躲到地窖里和地洞里，其他人则回到原来的居住地，在被烧毁的房屋原址上搭建茅屋。伦杜利奇的士兵总共烧毁了 1.1 万所房屋，116 所学校，27 所教堂和 21 所医院。到 12 月末，这位将军吹嘘说只有约 200 名挪威人还留在芬马克。他发誓不把那几个人赶走他决不罢休。

挪威芬马克人在一艘征用的挪威渔船上等着被驱逐到南方，背景是一艘德国巡逻艇。

BURNED TOWNS

Norwegian
Sea

North Cape

Barents
Sea

Gamvik
Berlevag

SØRØYA

FINNMARK

Vadso

Vacanger Fjord

NORWAY

Tromsø

Kirkenes

Petsamo

U.S.S.R.

Narvik

SWEDEN

FINLAND

0   50   100   150 mi

0   50 100 150 km

F 18 HV

德国卫兵把芬马克流放者赶上一艘渔船。这些流放者沿海岸线南行的，忍受着刺骨的寒风、糟糕的卫生环境，并要面对苏联潜艇不断进攻的威胁。

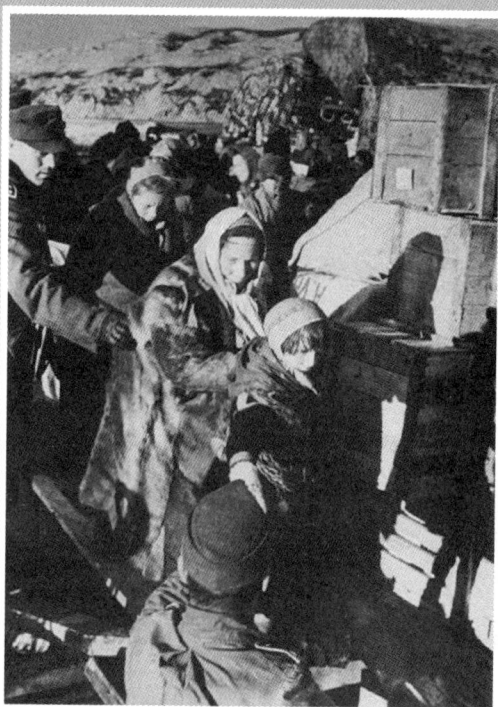

除了身上的衣物，撤退者几乎一无所有，他们跳下一辆德国卡车，换乘到船上。这些被迫迁移的人中大都是老人，在德国占领土地上的撤退转运营里他们面对的是不确定的未来。

从德国放逐队里逃出来的难民在攀爬芬马克北部的索罗伊岛上的山坡。这些难民在几个月的时间里躲躲藏藏，勇敢地与极地荒凉做斗争。

焚毁的
长条地带

从深山里临时搭建的小茅屋里，躲藏的挪威人眼睁睁地看着伦杜利奇将军把芬马克的所有村庄变成烈火熊熊的岛屿。德军效率高得惊人，迅速向西撤退，到11月初在芬马克的瓦朗格尔峡湾上的基尔克内斯到瓦德瑟，留下了一条100英里长的被火焚毁的地带。

他们从这里向贝莱沃格进

发。一位挪威人回忆在军队通过之后，村庄整个成了废墟。"一栋房子也没留下。那些没被德国人带走的人藏到山里去了。只留下了70人。我们在废墟上寻找罐头食品或木材。"即使在极地的大雪将小镇最后的火焰熄灭之后，恐怖仍然没有散去。德军突击队回到村子里，强行赶走难民，把还没有倒下的房屋推倒，宰杀在第一次屠杀当中生存下来的牲畜。挪威人用铁一般的意志留在芬马克的焦土上，回击德国人这种彻底毁灭的做法。

在一股黑烟之下，一支德军烧
毁队准备焚毁瓦德瑟的另一部分。
为了躲避紧追不舍的苏联军队，德
国人慌慌张张地只夷平了该镇70%
的地方就撤走了。

逃过德军驱逐的贝莱沃格居民在
浓烟之下回到他们一度繁荣的沿海渔
村。他们手里提着鱼，这是新的废墟
上唯一的食品。

　　加穆维克渔村的一个小孩站在一座用翻过来的船壳搭成的临时房屋门口。这个临时房屋住了8个人，两头牛和一只山羊。

　　上面小船屋里的居民只能靠他们自己的体温和一盏提灯的热量驱赶冰冷海风的侵袭。

依恋
那片土地

　　负责驱赶芬马克地区居民的德国人没想到人们会这样刚毅和坚强。他们没有被巨大的损失吓倒，没有被严寒的冬天吓倒，这些勇敢的幸存者依恋着这片土地。成千上万的人藏到山里等着德国人撤离，几天后再回到被夷为平地的镇子里，住在被洗劫一空的地下室或泥坯屋里。在疾病和刺骨寒风的侵扰下，他们靠咸鱼、鲸鱼油和剩下的一点点面粉生存了下来。

　　其他人由于担心突击队杀回马枪，宁愿待在更为隐蔽的地窖和地洞里。一些人留在山里，直到战争结束时被挪威救援队偶然发现了才得以重见天日。

从恐怖下
解脱出来

  芬马克人当中首先获得解放的是基尔克内斯的居民，基尔克内斯是东部边境的一个矿村。1944年10月中旬，当撤退的德军逼向芬马克的时候，镇里有4000人逃到附近矿井里躲避横冲直撞的德军。

  基尔克内斯惊慌失措的居民从地下的藏身之处听见断断续续的炮弹声。德军后卫部队正在阻击前进的苏联军队，枪炮声持续了好几天。

  最后，逃亡者的住地传来消息说红军已经到达基尔克内斯。对躲在矿下的难民们来说，德国的恐怖统治结束了。

在挪威旗下面，笑逐颜开的基尔克内斯居从比耶尔纳维塔矿下走了出来。一周前他们为躲避德军逃到了这里。解放他们的苏联军队在左边迎接他们。

最艰难
的冬天

就在北风吹落榆树叶子之前，荷兰人就感觉到他们面临着巨大的讽刺：人们知道和平即将到来，在轰炸机摧毁德国的工业能力的时候，同盟国世界在欢呼雀跃，迫切地看着庞大的军队像一个铁拳一样把柏林包围了起来。然而就在第三帝国崩溃之际，衣不蔽体的荷兰人仍然在战争的最后一个冬天中忍饥挨冻。

当西方的救援者从他们的国家匆匆而过，长驱直入德国国内的土地时，被占领的荷兰人还在严寒的冬天里围在一起。盟军没能成功拿下阿纳姆大桥，解放因此延误，并且不知何时才会到来。荷兰人很清楚，失去铁路系统（他们奉流亡政府的命令自己关闭的）只能使局势更糟，他们的情绪极其低落。而且，德国占领军头目一直认为他们对种族上可以接受的荷兰人比较体贴，此时终于摘掉了最后一层假面具。由于已经把荷兰值钱的东西都掠夺光了，

垂死挣扎的德国人开始抢食品，饥饿很快就降临到了荷兰人头上。仅在鹿特丹，就平均每天饿死400人。在春天到来之前总共有18000荷兰人被饿死，或因与饥饿有关的疾病而死，德国投降后他们才获救。

但是救援并不是预定的结局。有的人在等待救援的时候死了。"像许多其他人一样，我吃甜菜和晒干的郁金香球，"当时才10岁的亨里·范德齐写道，"我几乎没衣服穿，根本就没有鞋子；我看到有人被拖走，有的惊慌失措地东躲西藏；我目睹了最残酷和最暴力的事情。"

供应越来越少。盟军和德国人都炸了河堤，到处是被洪水淹没的村庄和庄稼。仅有的一点供应品必须尽量节省着用。但勇敢的荷兰人挺过来了。正如范德齐补充的那样，"我也目睹了最伟大的友谊和牺牲"。

在商店里没有食品可以供应的时候，荷兰供给券的用途并不大。

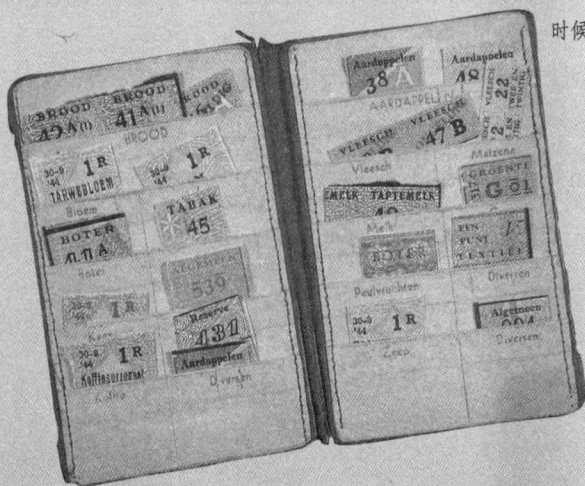

这个荷兰小男孩的腿瘦成了细杆，他用渴望的目光看着商店橱窗。擦得干干净净的橱窗里的广告标牌上写的面粉成了珍稀商品。

妇女们在阿姆斯特丹市郊
霍尔丹区的黑市上向客人兜售
香烟,她们根本不怕被人发现。
(左图)

阿姆斯特丹人在撬市内有轨电车的枕
木,铁路系统关闭之后,这些枕木当作燃
料比用于交通运输用处更大。

废城里
的掠夺

荷兰人的煤炭供应因为铁路罢工
而被切断了,忍受着冰冷的荷兰人首
先想的是用心爱的树木来取暖。荷兰
为数不多的森林难以满足这一需求,
因此人们带着斧子进了城里的公园。
不久公园也成了一片废墟,荷兰人把
眼前的树都砍光了。就像被驱逐的犹
太人留下的可怜住宅一样,被炸毁的
房子成了早期的目标。后来,迫于寻
找足够的热量煮熟土豆,人们开始撬

铁路的枕木,防空洞里的横梁,甚至城
市广场下面路基里的小煤块。一位荷兰
记者1944年写道:"一大早或太阳落山
后,你能看到受人尊敬的先生们爬进公
园和公共花园,爬过小路,游过运河,
寻找着一切可燃的材料。"

只有在黑市上才能找到极其稀缺的
东西,价格高得惊人。黑市交易人员进
行交易的大街往往是最拥挤的,尽管黑
市土豆比官价高70倍,面包高210倍。

一位妇女往锅里切甜菜，她的丈夫在啃食一块菜根。

不屈地
寻找食品

　　一位荷兰记者注意到了饥饿与忍饥挨饿之间的区别。"饿的人叫，而忍饥挨饿的人却一言不发。交通停了，所有企业都瘫痪了。厚厚的大雪盖住了脚印，只有一种东西能够穿透这种沉默，那就是每天都缺的面包。"

　　不仅缺面包，一切能够维持生存的东西都缺。严重缺肉，一匹马如果不慎跌倒在路上，很快就会被人们随身带的折刀宰杀，所有的宠物都面临致命的危险。猫成了"房顶老鼠"的可怕代名词。

　　城里人跋涉60里到乡村寻找食品。他们被称为"食品旅行者"竞相购买农民日渐减少的储存品。更糟糕的是，他们买来的东西经常被无情的德国人没收，德国人也饿。

饥饿难耐的人们
手里拿着饭碗，在一
个室外施粥处排队，
这里提供的不过是用
没刮皮的土豆做的
汤。在另一个施粥处，
两个男孩（右）在刮
饭桶上的残渣。

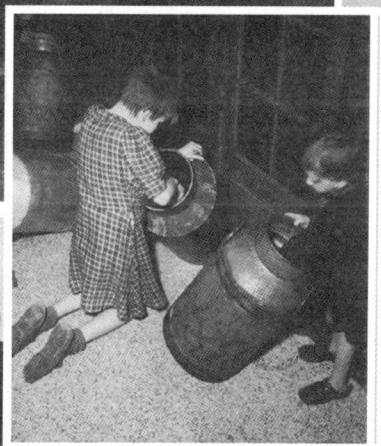

两位寻找食品的
妇女推拉着一辆沉重
的小车十分吃力地穿
过冰封之地。较走运
一点的人有自行车，
可以漫游更大的地
方。随着食品越来越
少，易货贸易成了司
空见惯的事情：手镯
换黄油，工具换土豆
和鸡蛋习以为常。

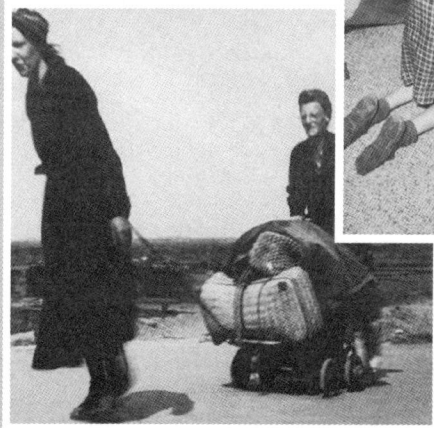

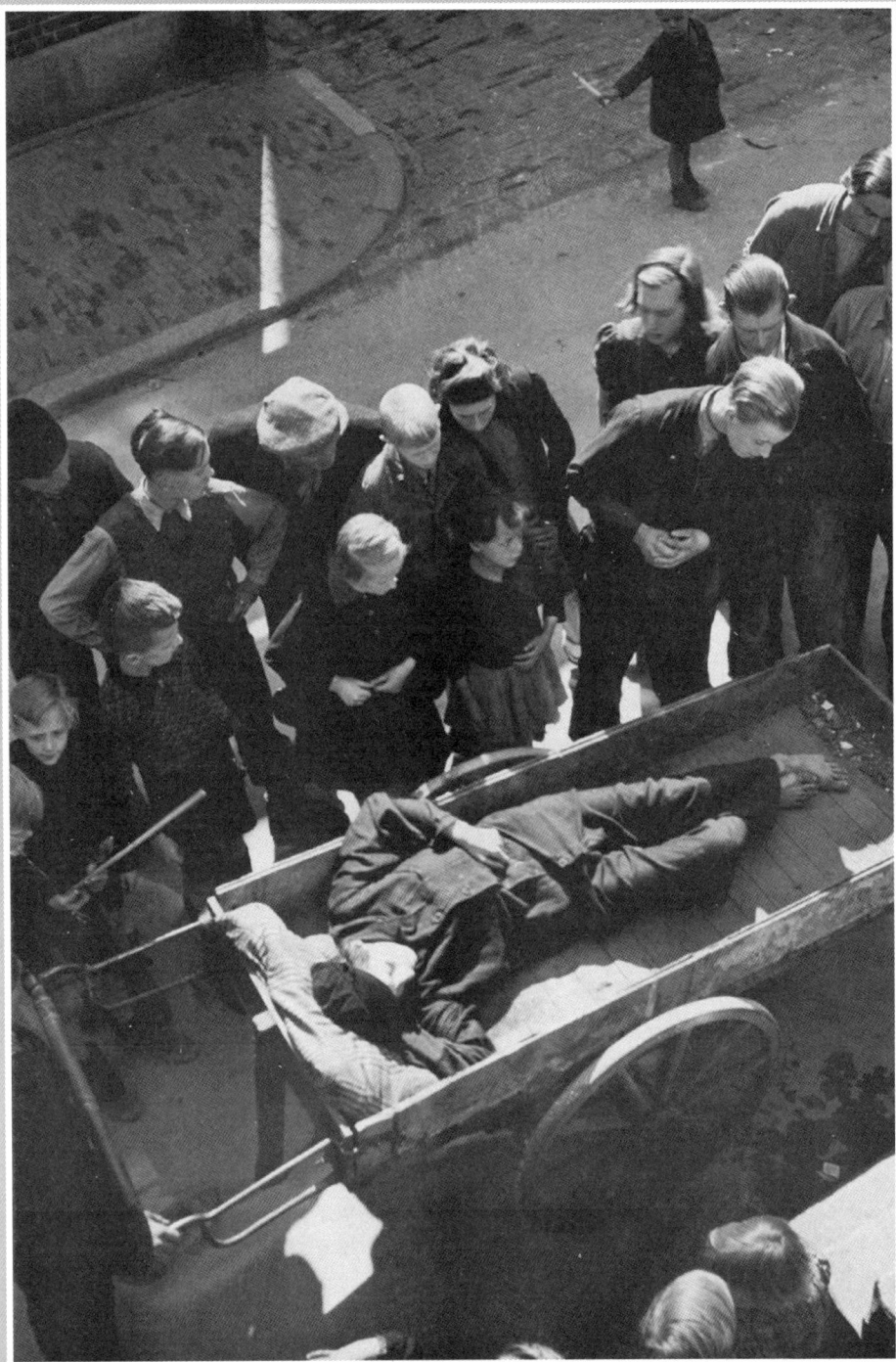

阿姆斯特丹好奇的人群围观一个赤脚青年的尸体，他刚刚在街上倒下，被装上了两轮车。

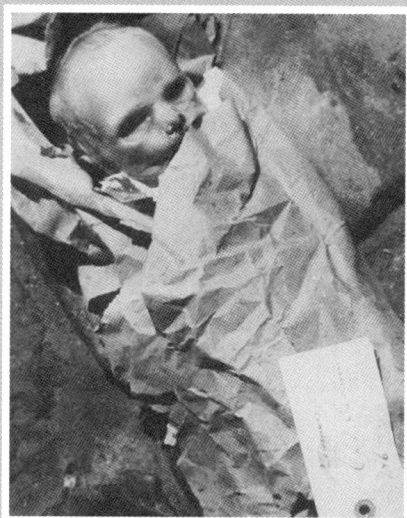

一个婴儿的尸体包在糙纸里面。由于没有木材做棺材，死者往往用纸包裹或用硬纸包裹后埋葬。

早就过了下葬期的尸体在教堂的地板上等着下葬。由于没有马拉车，荷兰人只好自己结队把灵柩拉到墓地。

死者和垂死者的日常景象

随着冬天的过去，疾病和死亡非常流行，年龄太小或太大的人尤其容易成为受害者。到 2 月份，荷兰人死亡的数率比 9 月份高 5 倍，由于速度太快，尸体只能堆在路边或摆放在教堂里等候埋葬。阿姆斯特丹死亡人数之多令殡仪人员非常为难。"我们幸运的是这个冬天很冷，"一位市里的官员回忆说，"它阻止了尸体快速腐烂，引起传染病。"

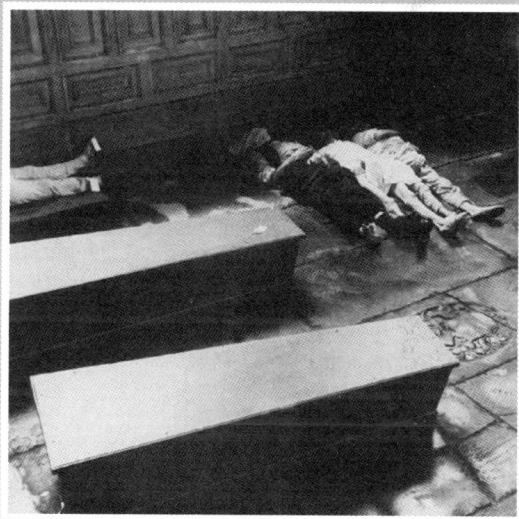

一位父亲从因堤坝被炸毁而被水溢过的低田上救出他的孩子。德军炸毁大堤之后整个村庄和粮田都被淹没了。

德军在等着撤退但没有交通工具，只好从阿姆斯特丹皇官里抢夺荷兰人的自行车。

纳粹袭击
与报复

在战争的最后几个月，德国对付荷兰人的措施越来越严厉。突然袭击越来越频繁，越来越残忍。德军挨家挨户搜捕抵抗运动分子，然后送往劳动营或枪毙。后来，荷兰沿海造的田已经被水淹没，德国人开始破坏剩余的堤坝。4月，他们炸毁了韦尔林吉米尔大堤，成千上万的人因此无家可归。

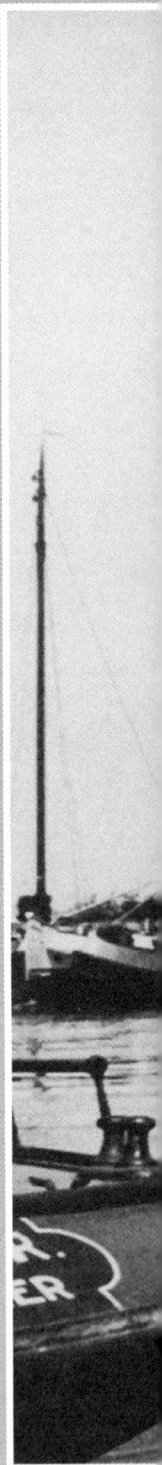

兴高采烈的荷兰人冲向湿地收获空投食品。虽然饥饿难耐，但人们仍井然有序地进行合作分配。

荷兰妇女兴高采烈地蜂拥向盟军飞机从天上投下的食品。

空中的
救援物品

　　4月，盟军与德国就允许对荷兰执行慈善飞行的漫长谈判出现了缓和并终于有了成果，英国和德国的飞机可以向指定的区域运送食品。这项代号为"圣餐"的行动计划向饥饿的荷兰人群投放了7000吨食品。

　　对于那些难以再熬一天的人来说，空投食品的第一天唤起了无限的激动。海牙的一位旁观者回忆听到第一架兰开斯特轰炸机飞临时的情景："我们冲到外面，向在我们街道上空轰鸣的飞机挥舞着帽子、纱巾、旗帜、床单等手头所有的东西。一瞬间我们悄无声息的街道充满了喜笑颜开和挥舞双手的人群，激动的人们甚至在房顶上跳起了舞蹈。"

　　几天后，整个荷兰解放了。饥饿的冬天消失了，但痛苦的记忆永远冰封在了记忆深处。

图书在版编目 (CIP) 数据

征服者的铁蹄 / 美国时代生活编辑部编；兆丰，凡

玲译 . —— 修订本 . —— 海口：海南出版社，2015.1（2022.7 重印）

（第三帝国）

书名原文：The third reich:the heel of the

conqueror

ISBN 978-7-5443-5792-0

Ⅰ . ①征… Ⅱ . ①美… ②兆… ③凡… Ⅲ . ①德意志

第三帝国 – 史料 Ⅳ . ① K516.44

中国版本图书馆 CIP 数据核字 (2014) 第 271563 号

第三帝国：征服者的铁蹄（修订本）

DISAN DIGUO: ZHENGFUZHE DE TIETI (XIUDING BEN)

作　　者：美国时代生活编辑部
译　　者：兆　丰　凡　玲
选题策划：李继勇
责任编辑：张　雪
责任印制：杨　程
印刷装订：北京兰星球彩色印刷有限公司
读者服务：唐雪飞
出版发行：海南出版社
总社地址：海口市金盘开发区建设三横路 2 号
邮　　编：570216
北京地址：北京市朝阳区黄厂路 3 号院 7 号楼 102 室
电　　话：0898-66812392　010-87336670
电子邮箱：hnbook@263.net
经　　销：全国新华书店经销
版　　次：2015 年 1 月第 1 版
印　　次：2022 年 7 月第 2 次印刷
开　　本：787mm×1092mm　　1/16
印　　张：14.5
字　　数：180 千
书　　号：ISBN 978-7-5443-5792-0
定　　价：45.00 元